THE MEMBERS OF DRUM TAO

BERS

MEM

できき、メンバーのインタビューではDRUM TAOというグループのマグマのようなエネルギーがどこから生まれ、また“部族”という言葉がひらめいたTAOの里での共同生活がいかにTAOの音楽や舞台、エンターテイメントと結びついているかを知ることができたのである。

持っているヴィジョンを有言実行というか、必ずひとつの形にしていく秘訣、要因について、「やっぱり目標の共通、夢の共通。俺たちこういうことやってみない？ こういうふうになろうよっていう目標、夢を持つ。もちろんそれはみんなが絶対にやりたいと思えるようなものじゃないといけない。それを実現するためにはどういうことをやるべきか。同じ方向に向かっていく必要性があったので、必ず夢を語っていましたね。まずはここで100回演奏して、1万人のお客さんを見つけて、そこからさらに1万人広げていくんだと。見に来てくれたお客さんや出会った人に、僕らは太鼓で世界を目指したいので応援よろしくお願いします、みたいなハガキをみんなで書きましたね。そしたらみんなの中に、もしかしたらそうなれるかも知れないっていう意識が芽生えてきた。最初はそんなの無理だろうみたいなのはあったと思うんですけど…」と語った藤高郁夫の言葉。「TAOは世界へ日本を売り込む“顔”になる」と評した“ニューズウィーク”誌は、TAOの輝ける未来を確実に予見しているが、作品づくりからヴィジュアル・イメージまで含めて、唯一無二の魅力を持ったTAOの疾走はこれからもスピードを増していくだろう。

最新作のタイトルは〈ドラムロック～疾風～〉。“さらなる「新」を求めて”というリードの言葉も含めて現在のTAOの立ち位置がはっきりとわかる。

DRUM TAOの快進撃が続いている。昨年発表され、大好評を博した最初の本〈THE RISING OF DRUM TAO〉のプロローグ「夢を追い続ける永遠の旅」の最後を、僕は「“TAOの里”から広がり、終わらない旅の根底にあるのは、TAOの里が持つスピリチュアルな要素と、メンバーの持つスピリットと、部族の酋長と形容するにふさわしい藤高郁夫のヴィジョンと独特のビジネス感覚。こうして解説、分析していくとDRUM TAOは完全に芸術と商業の間に見事に橋を架けてくれていることもよくわかる。と同時に時間も空間も超え、また幾人かのメンバーは重力すら超越してしまっている。部族ならではの驚異だ。」としめくくったが、今年の早春まで全国を回った〈舞響～Bukyo～踊る◯太鼓〉はファン層をさらに拡大し、スペインとドイツを回ったヨーロッパ・ツアーもTAOの未来が世界に向けて開かれていることを証明した。

そうした状況の中で、藤高郁夫は２冊目の本の企画を提案してきた。常に未来を見つめ、ひらめいたアイデアを現実にしていく彼は、一緒に夢を追い続けているメンバーにフォーカスをあてるものを作りたいと話し、制作がスタートした。

ファッション誌のグラビアを飾るような写真と今や40人近い大所帯になったメンバーのインタビューで、現在のTAOをドキュメントしようというコンセプト。富永よしえが福岡のスタジオとホテルを中心にファッショナブルな写真を撮り、前作に続いて五十川満がTAOの里を中心にメンバーのプライベートな姿を追いかけ、TAOの本拠地である久住に近い城下町・竹田で開かれた“岡城桜まつり”で甲冑の武者に扮したTAOを撮影した。この豪華なセッションは、狙い通りに時間と空間を超えた世界を描き出すことが

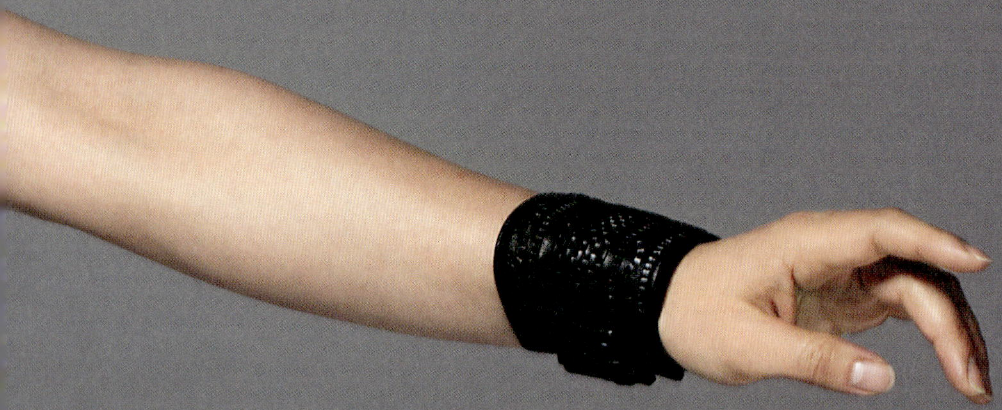

ARISA NISHI

HIROAKI KISHINO

TAKUYA ERA

YOSHINORI SUITO

KIYOKO AITO

SHINGO KAWAHARA

YASUAKI YAMAGUCHI

JUNICHI HARAGUCHI

HIROYASU YANAKA

TARO HARASAKI

DAISUKE FUMOTO

KEISUKE YAMAMOTO

SHOHEI NAKATA

YUYA HAYASHI

HIROYASU IKEGOSHI

BEACH

ON THE

ＴＡＯの音楽には言葉がない
だから簡単に国境を越えられる
無国籍感が漂うＢＥＡＣＨで
大きく腕を広げ
ジャンプするメンバーは
世界を征服するパワーを持っている
波のリズムと風の音がクロスし
打ち鳴らされる太鼓の音が重なっていく

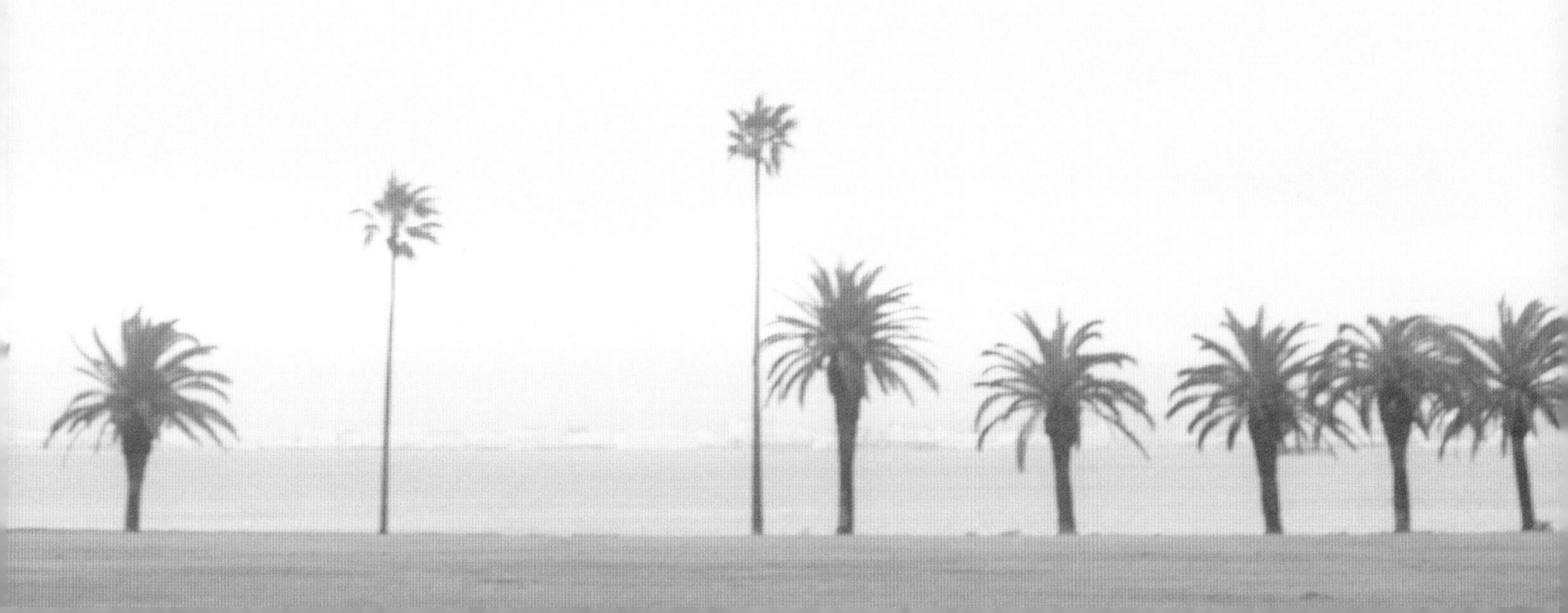

SEEYOU
THIR
AND
YOU
MINE

I SEE YOU
IN THEIR
WANT YOU
TO BE MINE

OUR OWN

A ROOM O

ITED STA
AMERICA

世界中を旅しているＴＡＯのメンバーはボヘミアンだ
彼等は共同生活というスタイルの中でルールを作った
それがあらゆる部族と交歓し世界を作れる秘訣なのだ

I SEE YOU
IN THEIR
ARMS AND
WANT YOU
TO BE MINE

MY CAR

DRIVE

走る車は橋を越えると馬に姿を変え時空を超えてしまう

数字は、どんどん増していくだろうし、TAOの信者は様々な分野に広がりつつある。そのTAOを構成するのは40人近いメンバー。彼らは久住高原にある“TAOの里”で共同生活をして制作活動を続けているが、そこは“夢を生む工場”であり、また“夢が棲んでいる場所”でもある。
この本のためにTAOの夢の中で生きているメンバーがTAOとの関わりや思いを語ってくれた。

INTER

過酷ともいえるトレーニングによって作られた鍛えぬかれた肉体に、2012年からコラボレーションが始まったコシノジュンコのデザインによる時空を超えた鮮やかな衣装をまとい、和太鼓を自由に操り、アクロバティックなパフォーマンスも盛り込んで繰り広げられるショーはDRUM TAOという名の部族の娯楽であり、単純にエンターテイメントという言葉だけでは語り尽くせない何かを持っている。そこには何のギミックもなく、生身の人間が発するエネルギーがあり、それが国境も年齢も超えて人々を魅了するのだろう。"世界観客動員700万人突破！"の

西　亜里沙

——TAOに入って何年目になります？

「21年目。TAOができて3年目くらいに入りました。座長になったのは一昨年くらい。その前までは座長という制度は特になくて、昔は団長って言っていたんですけど、いつからかリーダーになって、〈日本ドラム絵巻〉の時に、座長というふうになった」

——TAOはここ数年ですごく変わりましたよね、長くいる亜里沙さんから見ると、何が一番変わったんだと思う？

「明らかに変わったたし、年々すごく変化している。私が入った頃はやっぱり和太鼓感が抜けなかったし、いっぱい失敗もしてきたけど、そのたびに何かをつかんで垢抜けていくというか、抜け出していく感じがすごくします。メンバーもいろんな経験をしていくなかで、アーティストという考え方が出てきた。以前は和太鼓奏者という感じがどうしてもあって、写真とかを撮られても硬くなっちゃったりとかして自然じゃなかった。でも失敗を含め経験を重ねることで、写真集とか映画とかドラマひとつとっても見方が変わってきて、舞台に上がった時の感覚もどんどん変わってきたんだと思います」

——一番大きく変わった瞬間は…？

「一番変わったなと思うのは〈序の絵巻〉が始まった時ですね。〈夢幻響〉って演目が始まってガラッと変わった気がします」

——パフォーマンスも曲も、舞台美術も含めての大きな変化だった？

「そうですね」

——舞台美術が進化していくと、自分たちもそれに負けないようにって競争のようになっていく感じがあるのかな？

「ありますね。制作していても思うんですけど、舞台のイメージが出来上がってくると、そのなかで演奏している雰囲気とかが想像できて、だったらこんな曲を作ろうとか、こんな動きがあったらカッコいいねとか、思えるようになる。序の絵巻の時は演奏中に格子が出てきたり、舞台が動くようなことをやり始めて、そういうところからも気持ち的にも変わってきた」

——衣装に関しては、コシノジュンコさんが入ってきた以前と以後の変化はあるんですか？

「かなりあります。それまでは自分たちでフィッティングして衣装を作っていたんですけど、体にフィットするように裁断したたくさんの布を組み合わせて、がっちりした形を作っていたので、動きが制限されていたと思います。ジュンコ先生の衣装になってからは1枚着るだけでカッコよく決まるので、みんながカッコつけるようになりました。たとえば白ドレスとかだと布1枚できれいなシルエットができるんです」

——それって重要ですよね。

「すごく重要。同時にヘアメイクも入ったので、それまでの舞台に上がった時のスイッチの入り方とは全然違います」

——それによる客席の反応の違いも…

「わかりますね」

——お客さんの層も変わった？

「変わりました。やっぱり以前のTAOが好きだった方もたくさんいて、その分かれ目の時は離れてしまったお客さんもいっぱいいました。お客さんの声として多かったのは、格好の方に行き過ぎちゃって、それまであった和太鼓の泥臭さが消えちゃったと…。でも、ジュンコ先生とやり始めて2、3年してから、いったん離れていたお客さんもだんだん戻ってきてくれた」

——衣装が変わって、曲も変わった？

「変わりましたね」

——TAOは歌詞がないから、パフォーマンスのイメージを想定して曲を書くという珍しいケース。コンテンポラリー・ダンスとかの音楽作りと近いようなところもあると思うんだけど、藤高さんはそこにさらにポップさを要求するわけだから、作る側からすると大変だよね。

「大変です（笑）。社長（藤高郁夫）は頻繁に口唱歌というか鼻歌を歌うんです。それを普段から録音しているんですけど、同

じようなメロディが共通して入ってくるから、今度の舞台のイメージはこうなんだろうなって思える。それを2小節ぐらいのメロディとして使ってみたりします。私は、動きとか色とかのイメージからメロディを作ることが多いんですけど、今までにないものを作るんだよって言われるのが一番難しいですね」

——それは藤高さんの口癖だよね。昔からずっとそうだった？

「そうです。私たちが社長のイメージを具現化していくのは本当に難しくて、どうしても違うものが出せない時があるんですよね。でも社長は必ず新しい作品を作っていく。それが本当にすごいよねっていつもみんなで話してるんですけど…」

——TAOの里での共同生活のメリット、デメリットについては、ずっといる人から見ると…

「メリットは、ひとつのものを共有できること。メリットというより、気持ちや目標を共有できる。ずっと一緒にいるので、夜中でもいつでも『いいメロディ浮かんだから、ちょっと起きて！』って練習できたりする。デメリットはみんな同じ情報のなかにいるので、新しいものがなかなか入ってこなかったりすること。こうやって世界が広がっていろんな人と仕事をするようになって、CMに出たり、いろんなアーティストとコラボをするようになって、そんなことを感じてきました」

——でもTAOの里に行くと、みんなパソコンを開いていたりして、デジタル化されているじゃないですか。地理的デメリットは随分なくなっている気がするんだけど…

「そうですね。数年前まではインターネットもなかなかつながらなかったりしたけど、今はみんなヨーロッパに行っている時でも、LINE電話で長時間話したりもできるし…」

——最後に聞きたいんだけど、大切にしているものは？

「武田信玄の名言が書かれた木版。〝一生懸命だと知恵が出る　中途半端だと愚痴が出る　いい加減だと言い訳が出る〟。はげみになる言葉です」

岸野央明

——亜里沙さんとも話したんだけど、ここ数年でＴＡＯはどんどん進化してますよね。中心にいる岸野さんから見て、一番のポイントは何なんだろう？

「感覚的には、今やってることやスタイルは最初から一貫していて、変わったつもりもない。ただ周りのこと、仕事もそうだし、出会う人などがだんだん一流というか、レベルが高くなっていって、グレードアップしてきたような感じはあるけど…」

——テイスト的には〈舞響～Bukyo～踊る○太鼓〉の時から、一気にスピード感が出た気がするんだけど、それはＴＡＯの進化と関係ある？

「〈踊る○太鼓〉の前が宮本亜門さんと一緒にやった〈日本ドラム絵巻〉で、みんなにとってやったことのないものだったのでそれで得たものはけっこうあるんです。逆に今までとあまりに違いすぎて、ストレスを感じる部分も最初はあった。だからその次の作品となる〈踊る○太鼓〉は自分たちのやりたいことを１００％出し切るということと、〈日本ドラム絵巻〉を絶対に超えるという強い思いが全員にあった。みんな負けず嫌いなんで（笑）。その結果自分たちでも満足できる内容に仕上がった」

——ＴＡＯは藤高さんがプロデューサーであり、ディレクター的なこともやっているわけだけど、メンバーとも共同作業的な感じでやっているんですよね…

「僕たちは社長がイメージしたものを形にしていくけど、言われていることだけじゃなく、その中に自分たちの発想を入れていく。それが一番難しく、楽しい部分！」

——岸野さんや江良さんなど、フロントにいる人たちの振り付け、動きの部分はどこから来てるんでしょう？

「どちらかというと、僕とか江良クンとかではなくて、意外と若いメンバーというか、実際にステージでパフォーマンスをメインでやっている子たちが作っていくことがここ２、３年では多いですね」

——それは新体操の人が入ってきたこととも関係がある変化？

「それはもちろんあるのですが、以前からそういう傾向がありました。その前までは本当に何人かで作っていたんですよね。だけどそれだとスピード感もないし、ちょっと偏った感じになってしまっていたんです。やっぱりこういうのはみんなでやるべきだし、みんなの発想があった方がステージをやる時のモチベーションも全然違うんですよね。そういうふうにしようとはずっと思っていたんですけど、なかなかうまく軌道にのらなかった。ようやく最近みんなで作っているなっていう実感がありますね」

——それで今ステージ全体が埋まっている感じがするんだね。圧が全部に広がっている。自分でも意識している？

「してますね。若い子、新人の子も、ここは自分が発想した部分ですっていうのが少しでもあると、気持ちが全然違うみたい。今は全員にちゃんと見せ場があって、それぞれが自分の見せ場、役割を理解している。それが舞台に対する責任感につながっている気がします」

——正しい集団化してるよね。

「そうですね（笑）。前からそうなろうとはしてたんですけど、ようやくそうなりつつあるのかな」

——昨今、若い子たちはあまり自分の意見を言わない傾向があるけど、ＴＡＯは若い子たちも明るくて、自分たちの意見をちゃんと言っている。それはやっぱり団体生活のたまものなのかな？

「もともとは自分の意見を言うのが苦手だったり、人と交わるのが得意でない人ももちろんいます。ただそういう子達って、あるときを境に別人のように積極的になるんです。タイミングやきっかけは人それぞれだけど、何があってもやると自分自身が決めること。決めたら人は強くなる。自分もそう教えてもらったので、自分の経験も含めて、教えてもらったことは若い子達には伝えていくつもりです」

——岸野さんが外から刺激やインスピレー

ションを受けるのはどういうところから？

「見るものすべてに可能性がありますね。カッコいいとか、美しいとか、楽しいとか、決して音楽だけではなく、自分が体験し何かしら感じたこと。それを舞台で、和太鼓でだったらどう表現できるか。そんなことをよく考えますね」

――今まで見て印象に残っているものは？

「シンガポールで見た『ライオン・キング』。オープニングが印象的で、それで考えたものもあります。出来上がりは全く違うものになりましたけど…」

――10代の時は何になりたかったの？

「完全にノー・プランでしたね。ひたすら遊んでた（笑）」

――東京出身のメンバーって少ないですよね。TAOに入ろうと思ったのは？

「中学生くらいの時に、趣味というか、地域のサークルで和太鼓をやっていたんですよ。他のことに関しては本当に適当だったんですけど、太鼓は意外と自分にフィットしていたのか、なんとなく続いていたんです。学生生活が終わる頃にちょうどTAOの存在を知り、あまり深く調べもせず、ライブも見ず、本当に何も知らない状態でTAOの里に行きました。僕的には見学くらいのノリで行ったんですけど、完璧に実技テストと面接が準備されていて正直驚きました。今では考えられないのですが、そのときは面接終了直後に『じゃあ、○月○日に布団と着替えを持ってここに来て』的なざっくりした説明。これにも衝撃だったのですが、そんな感じがなんか気に入ってしまって、『ハイ』と即答。18歳の時なので今から15年前のことですね。そのときは里に10人くらいいました。今は4倍ですね」

――大切なものは？

「スーツケース。シンプルなもので統一するのが好きなんで、カバンはリモワと決めています。最初のドイツツアーからなのでもう11年前。ビシッと収まる感じが好きなので、普通のカバンよりもケースが好み」

――部屋とかはどうなの？

「本当に何もないですね。生活感があるのが好きじゃなくて。突然引っ越すよと言われても30分で準備できるというのが、僕の部屋作りの目安です（笑）。スーツケースひとつで生きていける感じが理想かな」

——今はＴＡＯでは何が一番面白いですか？

「制作に携わっている時。難しくてうまくいかないこともあるんですけど、みんなといろいろフレーズを出しあって、それを形にしていく過程が楽しいなと思いますね」

——曲を作る作業につきあってみてわかったんだけど、ＴＡＯの曲は歌がない分、パフォーマンスと音楽の組み合わせになってくる。それで謎が解けた。パフォーマンスの部分がはっきりしていないと、曲として形にならないんだよね。そしてパフォーマンスと言えば、何年か前から江良さんの棒のやつが異様に目立つようになったんだけど、あれはいつぐらいから？

「入団して2年目ぐらいからやってはいました。今は入団して12年」

——でも3年ぐらい前からとりわけ目立つようになったのは何故？

「多分、そのパフォーマンスを中心にした演目ができたからじゃないかな」

——曲の中の一部だったのが完全に1曲、江良ソロみたいなものができたんだね。お客さんのウケも抜群だけど、やっていて反応は感じる？

「感じますね。元々1本だったのを2本にした時があって、その時はファンの人も驚いていて、反応がすごかった」

——あれは下地になっているものはあるの？

「ないですけど、ＴＡＯに前身の人がいてそれを見よう見まねでやって、あとは中国拳法とか棒術みたいなものを採り入れたりもした。2本のほうは前例がなかったんですけど、社長にやれと言われて（笑）。最初はガチガチ体に当たったり、棒と棒がぶつかってうまくいかず、アメリカツアー中にホテルで夜中の3時、4時まで毎日練習してた。すごく大変だった分、初めてやった時はうれしかったですね。お客さんの反応も…」

——自分の中でＴＡＯの占めている割合ってどんなふうに変化していますか？　あるいはＴＡＯというグループでの自分の存在感。ＴＡＯを見始めてから8、9年になるけど、ある時から江良さんがぐっと出てきた。自分の中で何か変化があったのかな？

「制作に携わるようになって、ひとりのアーティストというだけではなく幹部的な役割が加わった時に、ＴＡＯの舞台に対して責任感を抱いた。あとは気付いたら後輩たちがたくさんできて、チームをまとめなければならない。例えば亜里沙さんと岸野さんのチームに分かれた時に、岸野さんは自分で転換表だったり楽器の運搬に関する全てのことを引っ張ってやらなければいけない。そのとき僕は座長である亜里沙さんの下で岸野さんの業務を引き継ぎながら、作業面だったり、チームを引っ張っていくという方向に今はなっているんです。それ

江良拓哉

がきっかけで、みんなに対して指示をするようになって、立ち位置も変わってきたし、自分の考え方も変わってきた。その辺でもしかしたら舞台上で発するオーラも変わってきたのかもしれない」

――よくわかる。で、12年前にTAOに入ろうと思ったきっかけは？

「12歳の時に太鼓を始めたんだけど、TAOの里と地元が近かった。でも太鼓で飯が食えるなんて思っていなかったから、いったん興味のある美容学校に2年間行ったんだけど、やっぱり太鼓をやりたいと思ってTAOの公演を久しぶりに見に行ったら、古臭くないというか、いわゆるお祭りでやるような太鼓じゃなく、照明も音響もあって、衣装だってハッピじゃないところに興味をひかれた。元々、太鼓をやっていた時も普通にやるのが好きじゃなかったんですよ。CDがあってもいいし、音楽番組とかに出ても絶対にカッコいいと思っていた。そういうふうになりたいなと思いつつTAOを見て、カッコいいと純粋に思った。一瞬で心を奪われた…。すぐに試験を受けさせてくれって書類を出したんですけど…」

――最初は書類で落ちたんですよね。

「そう（笑）。で、納得できなくて2ヶ月くらいフリーターをして福岡でうろうろしてたんですけど、親が夜中に『このままじゃいかん』と真剣に話しているのを聞いて、僕も切り替えなければいけないと思って、次の日に親と話してTAOの里に行って面接をしてもらって、その次の日に入団した」

――そして今TAOは江良さんが思っていたとおりにカッコよくなった。太鼓のグループはいろいろあるけど、TAOは違うところにいってますよね。だからTAOがどんなグループなのか、説明するのって難しい。江良さんならどう説明する？

「エンターテイメントですよね。和太鼓を使っているエンターテイメント。シルク・ドゥ・ソレイユとか劇団☆新感線のようなエンターテイメントを見るような感覚。普通の和太鼓のチームとは比べられたくない」

――でも、この頃はほとんど比べられなくなってきたでしょ。今度は〈舞響～Bukyo～踊る○太鼓〉から〈ドラムロック～疾風～〉というお題がきたわけだけど、タイトルを聞いた時はどう思いましたか？

「僕はロックよりも疾風という言葉にまずイメージが膨らんだ。疾風感を感じさせる曲が確かにないと思って、なるほどこういうことを求めてるのかと。曲にスピード感がありつつ、今までと違ってロック調で華やかになるイメージが浮かびましたね」

――大切にしているものは？

「カメラ！ 5年か6年くらい前に、どうしてもTAOでうまくいかないことがあって、社長に結果が出せなかったら辞めますと誓約書を出したくらいで。その時に目標としていたのは将来、社長みたいな演出家になることだったんです。そのためにはセンスが必要不可欠。以前から社長に写真を撮ることで多くのことを得られると聞いていたので、センスを磨く手段として、カメラを始めました。ただ撮るだけだと達成感があまりないような気がしたので、撮った写真に文章をつけてブログにアップして反応を見ようと思ったんです」

――反応はよかったんですか？

「よかったみたいですね。ブログで今はやってないけど、撮るのは好きですね。今、舞台上の楽器の配置を社長の代わりにやらせてもらってるんですけど、画角を決めたりするのは、そういう時にためになる。カメラは確かに僕のクリエイションを支えているアイテムの一部だと思います」

水藤義徳

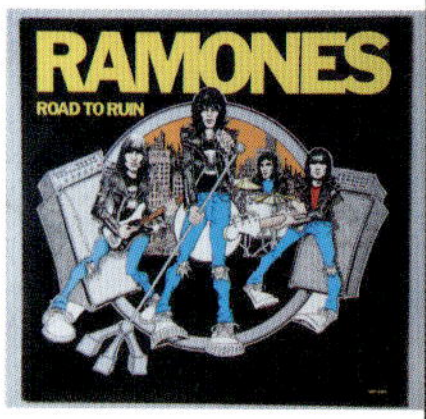

——今は水藤さんが一番長いメンバー？

「なっちゃん（黒柳夏子）が一番長い。25年くらい。僕が24年。なっちゃんはTAOになる前のチームにいたから。僕はそのチームが別れて、これからTAOと名乗っていくぞ、というタイミングで入団した。名前を考えてくれたのは、航空宇宙工学博士の糸川英夫さん」

——25年って、四半世紀じゃないですか。その間にTAOは進化成長してきたわけだけど、全体は何期ぐらいに分かれると？

「5期くらいじゃないですかね」

——僕はそのうちの2期くらいを知っていると自分では思ってるんだけど、このところ急速な変化をしてますよね。それは藤高さんが水藤さんとか亜里沙さんといった幹部の人たちと話して意図的にしてきたことなのか、それとも新しいメンバーが入ったりしたことで自然に変わっていったのか、どっちなんだろう？

「それは完全に意図的。全てにおいてそうですね。社長が言うことはその時々で常に突拍子もないけど、その指針に沿ってみんなやってきた」

——特に突拍子もないことといったら？

「今のTAOの里を本拠地に定めた2000年。お客さんを呼んでライブもするし、レストラン・バー・宿泊の準備も全部自分たちでして泊まってもらう。朝起きたら日の出ライブをやって、というTAOの里グランディオーゾの計画ですね。その時のメンバーは13人くらいだった」

——そのうちで残っているのは？

「最初からやっていたのは、なっちゃんと僕と亜里沙とマキさん（森藤麻記）の4人」

——水藤さんや亜里沙さんはメンバーでありながら、指導者的な立場にいるわけじゃないですか。TAOのメンバーにはまず何を教えなければいけない？

「演奏とかではなく、一緒に生活する協調性。家族でさえもこんなに一緒にいないくらいだから。その状況にどうすうまくなじむかっていうのが一番大事。ひと言で教えてあげられることではないけど、最も重要なことだと思います」

——クラシックのオーケストラみたいに譜面があって指揮者がいる演奏ではないのに一糸乱れぬアンサンブルが作られるのは、やっぱり共同生活から生まれる協調サウンドなのかな？

「そうですね。ヨーロッパ・ツアーとかでよく言われるんですけど、どこに指揮者がいたんだ？　それが信じられないって。自分たちには共同生活という土台があるし、毎日練習しているからできることなのかと、逆に言われて気付かされた。僕らとしては当たり前のことなんだけど、よその畑から見ると驚くべきことみたいですね」

——大切にしているものは？

「ラモーンズのレコード。ギターを最初に手にした時って難しいことをできないじゃないですか。でもラモーンズはシンプルだから聴くだけで耳コピでできてしまう。カラオケが流行りだした頃、僕は必死にラモーンズのコピーをしていました。音楽の伴奏に合わせて歌ったりする真似っこではなく、自分で演奏するからこそ音楽は楽しいんだっていうことを彼らから教えてもらった。僕が音楽をやる一番の元になっているものです」

相戸喜代子

──TAOにはいつ入ったんですか？

「2004年に入団したので、13年目です。公演を見て感動して入ったんですけど、最初に見たのは中学生の時。地元の太鼓部にいたのがきっかけで、初めてプロの演奏を見て感銘を受けました」

──よくある和太鼓のグループという感じだった？

「そうですね。当時は舞台セットもなく、シンプルで純粋に太鼓のみを見せていました。ただ、打ち込んでいる姿が人間に見えなかったんですよ（笑）。気迫をビリビリ感じて、ここまで何かに打ち込めるというか、人間ってこういう表情をするんだって思った。見終わった時に感動しすぎて、すぐ席を立てなかったのを覚えています」

──今のTAOの若いメンバーは、見に行って、和太鼓でこんなことやってるんだ、カッコいい！って思って来た人が多いようだけど、その感覚とは違うわけだ。

「違いますね。高校3年の時に進路をどうしようかな、音楽の仕事で何かやりたいなと漠然と思っていた時、たまたまTAOが近くにイベントで来ていて、無性に見たくなって中学以来、行ったんです。その時も舞台セットもなく、野外で打っているような感じだったんですけど、表情がみんなすごく楽しそうだった。そして今はもういないんですけど、当時、大好きなプレーヤーがいました。『静かなる光』という篠笛の曲があり、袖からベースの音に乗って歩いてきた姿を見ただけで涙がとまらなくなってしまいました。笛の音も素晴らしいし、その空気感って何なんだろうと思った。自分もこんな感動を創れる人になりたいと強く思って、TAOに履歴書を送ったんです」

──笛はTAOに入ってから？

「そうです、篠笛は入って1年後に稽古を始めさせてもらった」

──今はもう喜代子さんの篠笛はTAOの武器になってますよね。

「ありがたいことに、舞台でチャンスをいただいています。目標はまだまだ…日々精進です」

──そうしてTAOの中でポジションを作ったわけだけど、自分にとってTAOとは何だと思いますか？

「自分の人生になるもの、基礎になるもの。その生涯をやり通したいと思う。自分の人生をTAOで作りたいなって思うし、可能性を感じるというか、10年前に自分が見たTAOとは違うし、可能性が本当に広がっていると思う」

──大切なものは？

「指輪です。TAOに入った時にいろいろ注意されて、自分の意識が頭の先から足の先まで行かないと表現者になれないって言われたんです。確かにそうだなと思って、自分の手なら自分が一番よく見るし、手先の表現ってすごく重要だし、手先に意識がいくように指輪を買いました。レギュラーになった時にいい指輪を買おうと思って、これだったら稽古や舞台以外でも日常から手先を意識できるかなと…」

――TAOに入って何年目になりますか？

「16年目。かなり経ちましたよね。もう上から5人目くらい」

――最初のきっかけは？

「高校の時に和太鼓をやっていて、太鼓部の顧問の先生がTAOのビデオを持って来て真似をしようと。それがTAOとの初めての出会い」

――その頃だと、顧問の先生も着眼が早いよね。

「そうですよね。革のジャケットとパンツで太鼓を叩いているチームというのが新鮮で注目したらしいんですけど、まだVHSの時代。『フェスタ』っていう曲がカッコよかった。僕らが高校でやっていた太鼓は、ハッピを着ていて、見るんだったら鼓童っていう感じだったので、衝撃を受けましたね」

――16年の間のTAOの進化というのは、中心部にいる人からするとどんな感じ？

「入った当初から、TAOというものの将来が楽しみでしょうがなかったんですよね。本拠地である久住もそうですけど、僕らが入った頃は赤兜も新館もなかった。あるのはライブ場と本館だけ。年数が経つにれてどんどんTAOの里が発展していくのを見ていたので、渦中にいながらすごいと感じていましたね。メンバーに関しても、増えながらも新しいキャラクターが入ってきて、表情が豊かになっていく。僕が入った頃は琴も三味線もないし、篠笛だけだった。その辺も社長のプロデュースというか意向に応えていくメンバーがどんどん集まってくるのが一緒にいて楽しかった」

河原シンゴ

――近年でいうと、新体操の人が入ってきたのも…

「そうですね。シルク・ドゥ・ソレイユの舞台もそうですけど、エンターテイメントにはアクロバットが必要だと思った社長の意向で今の山口クン（山口竜昇）だったり、前田クン（前田優樹）みたいな人が入ってきて、それでまた表現が拡がった」

――共同生活がTAOのチームワークを作っていると思いますか？

「ええ。週に1、2回だけ2時間程度の練習ではできない呼吸感があったりするんです。毎日顔を合わせているからこそできるリズムのテンポ感が絶妙だったりする」

――毎回合わせるのは曲なんですか？

「ツアーの中でも、曲の最初の4小節か8小節くらい、心地いいテンポをみんなで入りだけを合わせます。それがうまくいくと、あともうまくいく。それが崩れ始めるのは、個人個人が我を思い出してしまう時。だからコミュニケーションをとるために曲の入りだけは必ず合わせるようにしますね」

――いい話ですね。ベテランの人しか言えないな。じゃ、大切にしているものを…

「CD！太鼓って打つとひとつの音しか出ないんですけど、僕が研修生の時に社長が歌うように打てと。それがフレーズ感とか、聴いている人にいろんな表情を伝えるものだからと。全部で50枚くらいあるCDはほとんどバラードなんですけど、そういうものを聴いて歌うようにっていう言葉の意味が理解できました。自分の太鼓の演奏や音は、これがなかったらありません」

——TAOの所に出入りするようになってけっこう経つけど、派閥みたいな場面を見たことがないんだよね。

「社長中心にピラミッドがうまくできているんじゃないですかね。岸野さん、江良さん、亜里沙さんがいて、うまい具合に」

——山口さんは何年経つんですか？

「僕は8年目です」

——ピラミッドの構成というのは、8年の間に微妙に入れ替わっているんですか？

「そう思います。僕が入った時は岸野さん、江良さんも若かったけど、彼らがリーダーとしてどんどん力をつけてきた」

——ここ4年ぐらいだよね。2人が引っ張るようになったのは…

「そうですね」

——もの作りは藤高さんがイメージをみんなに伝えてからは、合議制みたいにやっていくんですか？

「誰がどの曲を担当するっていうのを先輩たちが大体決めるんですけど、その下で担当になった人が後輩にまた振っていく。この振り付けを考えてとか、ここのフレーズをやってみてっていうふうに。それで僕らが考えて、こんなのどうですかと提示して、曲の構成を先輩たちが決めていく」

——一般的な音楽や演劇を作るのとは全く違う作業で、すごく丁寧な織物をつくっているみたいな感じですよね。

「そうですね。ちょっとずつ進んでいく。どっちかっていうとパーツごとに組み立てながらっていう方が多いですね」

DRUM TAO INTERVIEW

山口泰明

——TAOはビジュアル・イメージをすごく考えているじゃないですか。コシノさんの作る近未来的な衣装もすごく合ってますけど、着た時に気持ちが変わったりする？

「しますね。白龍と黒龍という善と悪とが戦う楽曲があるんですけど、自分が黒族で、黒い衣装を着ると、普段の自分にはないダークな部分が出てくるというか、ヒール役に入りやすいですね」

——岡城の桜まつりで甲冑を着た時も…

「そうですね。こういう仕事をしているせいかも知れないけど、甲冑を着たら侍にならなきゃっていう気持ちになった」

——そしてあの時の甲冑軍団と黒族のシーンは、藤高さんと「新しい発明だね」なんて話してたんだけど、やっている側としてはどうだった？

「不思議でした。戦国時代でいうと黒族は山賊みたいな感じで、こういうシーンってどっかであったんだろうなって。山の中で襲われるみたいな。太鼓もそういうイメージで演奏しているからバッチリ合って…」

——不思議な魅力があったよね。今のTAOは音や衣装、イメージが融合してひとつの世界が作られ、その完成度がどんどん高くなっている。自分がパフォーマーとして前と変わったと思うところは？

「あとから気付くんですよね。やっている時はわからないんだけど、あとから映像を見ると、こんなになってるんだと…（笑）」

——大切にしているものは？

「ネックレス。グリーンストーンといってその昔ニュージーランドでは、マオリ族がこれで釣り針とか刃物を作ったりしたんですけど、今はお守りとして使われている。友達が買ってくれたもので8、9年経つんですけど、これを見ると、そいつのことも思い出すし、僕にとってのお守りですね」

原口純一

——何年目ですか、TAOに入って…

「12年目。18歳で入って今年で30歳。元々地元の久留米で5歳から太鼓をやっていて、小4か小5の頃にTAOを見ておもしろくて、次に来た時に地元のチームで共演できることになって、そこからですね。TAOしかないって。共演したのは小学6年生、12歳の時。高校卒業してすぐにTAOに入った」

——6年生の時に、自分の進路が決まったわけ？

「決まってましたね。その時は仕事という概念は全くなかったんですけど、やりたいことをやろうっていう…」

——そしてオーディションを受けて入って、外から見ている時と中に入ってみての違いはありましたか？

「ありましたね。外からだと舞台に立っている華やかなところしか見えない。地道な努力はあって当たり前なんでしょうけど、まだ18歳の時はそこまで深く考えていなかったので。『厳しいよ』とは奥野マネージャーから入る前にずっと言われていたけれども…」

——小6で共演してから、ことあるごとに会ったり話したりする機会はあったんだ…

「そうです。今の夏フェスのようなイベントが昔もあって、学生の時にボランティアで手伝いにいって、TAOの人たちとも接触はしていたけど、実際に入ってみてここまでかっていうのはありましたね。最初の2ヶ月はバチしか触らせてもらえなくて、基礎を固めてからじゃないと太鼓を叩けなかった。筋トレとかに打ち込む2ヶ月だったので、同期のメンバーはそこで何人かいなくなってしまった」

——バチだけ握って叩けない理由は？

「手とバチが一緒の感覚にならないといけないんです。社長に入団式で言われたのはバチをいかなる時でも離さないくらい一心同体にならないと無理だよって。基礎ができていないうちから叩いちゃうと、のちのちに響いてくると。僕は1ヶ月半ちょっとかかりました」

——人によって個人差はある？

「ありますね。練習していて、社長が見に来て明日から太鼓打っていいぞって突然言われることもあれば、テストがあったり…」

——初期に太鼓が叩けないこと以外につらかったのは？

「集団生活じゃないですかね。太鼓も好きだし、そのためにトレーニングするのは苦にならないんですけど。と言ってもランニングはつらかった。新人の頃、階段の上り下りができなくなるくらい走りました。ランニング10キロと、腕立て、腹筋、背筋が各50回の4セット。早い人は2日とか3日でやめてしまう…」

——でもそれを乗り越えちゃうと、TAOの列車に乗った快感があるんでしょ。

「ありますね。今はこんなに楽しいことはないと思っている。自分の好きなことをやって、お客さんに拍手をもらって、いろんな人に出会って、いろんな所に行けて…」

——大切にしているものは？

「車です。大好きです。レクサスに乗ってるんですけど、音響はマークレヴィンソンがついていて、自分の部屋で聴くより抜群に音がいい。30歳までにオープンカーと時計だけは買いたいって夢があったけど、ギリギリセーフでした」

原﨑太郎

――今回の本は2冊目、今度はメンバーにフォーカスを当てようというコンセプトなんだけど、改めて思うのは、ＴＡＯは個性的な人が集まってるのにチームワークが抜群にいい。その要因って何だろう？ 大所帯だと微妙に派閥とまではいかなくても、グループ分けみたいなのができてしまうけど、ＴＡＯはそれがないですよね。

「おべっかとかは全くなしで、素直に藤高社長のおかげだと思います。ＴＡＯは完全に社長をトップとしたピラミッドがしっかりできていて、トップの統率力や考え方が浸透している。というのも僕自身、ＴＡＯに入る前は海外から帰ってきて職探しをして、内定をもらったりもしたんです。でも希望ではあったその会社の最終面接を受けた時に、なぜかそこで働きたいと思えなかったんですね。そんな時にＴＡＯと出会って、面接を受けた。そして社長としては不採用だったけど、おもしろそうだからと水藤さんが拾ってくれました。面接で社長と話をさせてもらった時に、この人の下なら人生おもしろそうだなと強く感じて。他のメンバーもきっとそうだと思うし、そういうところに惹かれて入ってきている人間が多いと思います。激しくて厳しいけど、その反面、情が深くて優しい。社長が好きだからＴＡＯにいると思うんですよね。社長も常にチームワークのことは言うし、個人プレーに走ってしまうと、チームとして機能しなくなって分解する要因にもなる。いわゆる藤高イズムが浸透していると思いますね」

――本当にみんな藤高さんのことを好きだし、経営とクリエイティブなアイデアがうまく機能してますよね。でも、小学校とか中学とかから太鼓をやっていて、それを追い求めてＴＡＯに入ってきたような人と比べると、太郎ちゃんはいい意味で客観的。全体像を見ているというのは自分でも感じますか？

「それはありますね。ＴＡＯが好きで憧れて入った人は確かに多いけれども、僕はＴＡＯのショーを見ずに入ってきた。だから先入観のようなものはほとんどなかったし、ＴＡＯに入る前は大学も行かせてもらって、海外にも行ったりしてるので、広い視野で違う見方ができているのかなと思っています。なるべく客観的に見ようとはしていますね」

――いい話ですね。ＴＡＯでもう何年？

「２００４年の暮れに入ったので13年目。長いほうですよね」

――ここ数年の変化と進化はめざましいですよね。これからどうなっていくと思う？

「もっと大きくなるためにはメンバーの数が増えなければいけない。僕は海外担当としてプロモーターと話をさせてもらっているので、社長が言われる世界10主要都市にファンクラブを作って機能させていくようなことをやれたらいいですね」

――大切にしているものは？

「ネックレス！ 大学の時、20年くらい前に買ってそれからずっと身につけているものなので。ラックというより、単に愛着がある。もの持ちがいい方で、小学校6年の遠足の時におばあちゃんに買ってもらったボストンバッグをいまだに使ってます（笑）」

谷中宏康

DRUM TAO INTERVIEW

――TAOに入って11年目。その間にステージの作り方も変わったんですか？

「そうですね。より実用的というか、転換とかも全部考え込まれた舞台。昔は重い鉄で組んでいたものがアルミになったり、舞台セットを仕込む時間が短縮されたりとか、クオリティを落とさずに考え尽くされた舞台になってきている」

――曲のつなぎとかも変わりましたよね。

「そうですね。僕が入った時から、社長は転換を転換としてやりたくないと言っていた。転換はひとつの芸だと。実は僕がもらった〝KABUKI〟というキャラクターはナビゲーター役なんです。なので、もっと活躍していきたいなと思っています」

――谷中さんは他のメンバーとキャリアがかなり変わってますよね？

「そうですね（笑）。僕が太鼓と出会ったのは自衛隊にいた20歳くらいの時だった。自衛隊に太鼓部という部活動があって、どんどんのめり込んでプロを目指したいなと思った時に、アマチュアも含めて10数チーム見て、一番最後に見たのがTAOだったんです。何だこのチームはと（笑）」

――数を見たら、なおのこと違いが…

「本当にそうでした。愛知県でTAOを見て、その日のうちに嫁さんと相談して、次の日に履歴書を書き、思い入れも書いて送って面接に臨み、TAOに入ることができました。それが27歳の時。年齢的には大分遅いです。僕が入った時、原口クンとかがいたんですけど、18、19歳とかで。もちろん上下関係は自衛隊でわかっていたので問題はなかったんですが、何よりも昔から太鼓をやっていて、びっくりするくらいレベルの高い人たちばかりで」

――自衛隊もTAOも団体生活。一般社会にいる人よりは慣れていたと思うんですけど、２つの団体生活の一番の違いは？

「ここは良き仲間であり、良きライバル。自衛隊ではそこまでライバル視することはない。そして、自己管理や体力トレーニングなど、そういう意味での共同生活の厳しさは、はるかにこっちのほうが大変ですね」

――今は安定期？

「一応、くらいですね。安定しているつもりはなく常に緊張しているんですけど、わけもわからず走るようなことはなくなりました。周りを少しは見渡せるようになったかな」

――谷中さんって本当に真面目ですよね。

「よく言われます。そういうことも前の仕事の時はわからなかった。共同生活をしていくなかでの、性格のダメ出しもズバズバくるので、厳しいけど、やりがいはあります」

――大切なものは？

「メダルとネックレスのトップ。TAOに入ってから東北の地震で慰問ライブに行った場所が、支援に行った自衛隊の駐屯地だったんです。そこで演奏させてもらい、その時に一番偉い人からいただいたメダル。多分僕が自衛隊に残っていたとしてももらえなかった。TAOに入ったからいただけたっていうのが、すごく嬉しくて。自衛隊にいた頃は、あのクラスの人と言葉を交わすなんてあり得なかったから、僕にとっては貴重なメダル。そしてネックレスのトップは、一番最初に社長にいただいたもの。ずっとつけていて、トップだけになったんですけど、僕の宝物です」

麓 大輔

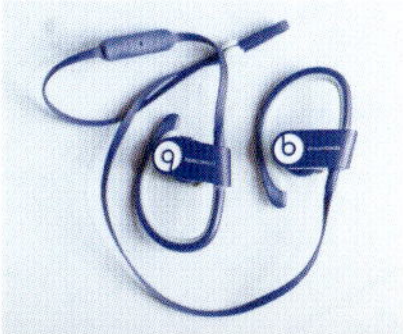

——TAOに入ったのは？

「今年で4年目。元々舞台を見るのが好きで、たまたまTAOのCMを見て、それが舞台総合芸術集団みたいな感じだったので。和太鼓のチームとは知らずに見に行ったんです。あんなに動きがそろっていて、その中で音を伝えてくる。パワーがすごくて、衝撃で涙した。大学4年の春だったので21歳くらいですね」

——それまでに楽器はやっていたの？

「小さい時にピアノやヴァイオリンをやってましたけど、小3から大学4年まではずっと陸上をやっていました。そんな中でも大学生になってから音楽と映画と舞台に興味を持つようになった」

——いいエンターテイメントは力がありますよね。曲1曲でも。

「たまたま僕のバイト先に劇団に入っている先輩がいて見に行ったんですけど、いつもとは全然違って見えたんです。自分じゃない自分を舞台に持っていることが羨ましくて、すごく刺激になりましたね」

——TAOのオーディションに合格した後、何が一番大変だった？

「今も苦労してますけど、何よりも和太鼓の演奏ですね」

——でも、それを補う身体能力が…

「アクロバットをするような子みたいに身体能力は高くないですけど、今やってるパフォーマンスもすぐできたわけではなくて、何度もやって慣れてきた感じなので。そもそも和太鼓の経験がなく、バチを握ったことがなかったので劣等感がすごかった。だからこそパフォーマンスは負けたくないっていう思いでがんばりました」

——和太鼓を一からやるうえでは何が一番大変なんですか？ あとづけでやっていく人にとっては…

「ベーシックな部分を知らない中で、TAOのやり方を教えていただいて、TAO独自の打ち方をするじゃないですか。だけど和太鼓って叩けば音が鳴るものなので、初心者は音に対するこだわりが弱いんですね。そこにこだわりを見出すこと、感覚を研ぎ澄ませることが大事。まずはメンバーみんなが考えている和太鼓の音色のレベル、小さい音から大きな音、壮大な音からミニマムな音まで、そのレンジの上げ下げとかを感覚的につかむことに一番苦労している。手探り状態ですね」

——TAOに入って、一番よかったと思うことは？

「研修生の頃、夏フェスで研修生のお披露目、初ライブを社長がやらせてくれたんです。その時に江良さんがよくやっている棒のパフォーマンスをやらせてもらったんですけど、両親も見に来ていて、初めて親が感動して泣く姿を見たんです。それで、エンターテイメントにはこういう力があるんだっていうのに気付かされた。全国を回ってたくさんのお客さんに感動を与えられるってすごいことですよね」

——大切にしているものは？

「社長にもらったイヤホン。2年目の時に太鼓もろくに打てない僕を社長が〈日本ドラム絵巻〉の準主役というか、少年役に抜擢してくれたんです。本当に僕でいいのかって思いながらやっていたんですけど、ツアーの途中で『大輔がんばってるから』とくれたのがこのイヤホンなんです。自分がやっていることを認められた証のような気がしてすごく嬉しかった」

——今年で何年目になります？

「7年目。山本（啓介）、生越（寛康）と同期です」

——ここ3、4年でTAOは急激に変化しましたよね。7年いる中堅として、その変化の要因は何だと思います？

「やっぱりテレビ出演や、ブロードウェイでの成功から急激に上がってきているとは思うんですけど、僕が入った時に東日本大震災があって、そのときの作品が好評だったことから始まっている気もします。その辺りからメディアにも出るようになったのだと思います」

——TAOに入ろうと思ったきっかけは？

「小4の時に近所の太鼓チームで太鼓を始め、やっていくうちにプロになりたいと思っていたんですけど、僕のチームに黒柳夏子さんがチケットを売りに来て、そこで初めてTAOを知った。それで大阪の厚生年金会館に見に行ってびっくりした。すごくカッコよくて、衝撃が走った。同じ太鼓を使って、こんなことができるのか…と未知の世界でした。その後、高校の時に〈浮世夢幻打楽～序の絵巻〉を見に行ったら、さらに変わっていて、将来はここだと思った。それで卒業と同時にTAOに入った」

——コテコテの太鼓をやっていた人からすると、手癖みたいなところで苦労したことはあります？

「僕らのところは、このリズムの時は右手から叩き始めるみたいな決まりがあったんですけど、TAOは違う。フレーズ感や振り付けで叩き始める手が変わるみたいな感じなので…」

——そういう意味ではロックっぽいよね。

「そうですね。普通の和太鼓は制限が多いので、最初はちょっと苦労しました。口唱歌も言い方が全然違ってて、それも全然慣れなくて。それって何？と思うようなこともけっこうありましたね」

——コテコテの和太鼓が社会主義的なものだとすると、TAOは非常に民主的で自由度が高い？

「そうですね。カッコよければどんなことでもします」

——だからあるところまでいくと、自分でクリエイションしないとついていけないような世界なんでしょ。

「そうです。おっしゃる通りです（笑）」

——TAOにいて、気をつけなければいけないなと思っていることは？

「後輩たちができない次のステップを踏んでいかないと、自分の立場もなくなってくるのを最近すごく感じますね。公演で使われるような曲を作らないと、次のステップにもいけないし、ポジションも目立つところにいないと、その他一同の扱いをされるので」

——大切にしているものは？

「社長にもらった時計。誕生日のプレゼントに。うれしかったですね」

——中田くんにとって藤高さんはどういう人？

「天才ですね（笑）。あの考え方は社長にしかできないと思います。社長がいないと、TAOは一気に崩れそうな気がしますし。やっぱり社長がいて、今のTAOはこんなにもでかくなっているので。でも次の世代もがんばらないと…。次は僕達の番です」

中田勝平

DRUM TAO INTERVIEW

山本啓介

——大切なものからまず聞こうかな？

「ダウンベスト！　僕がTAOに入る前に仲のよかった友達が3人いるんですけど、いきなり電話がかかってきて、3人でこうして遊ぶのも最後だし、明日沖縄に行こうと突然誘われて。3人でおそろいのものを買おうということになってこれを買った。思い出がつまっているもので、TAOに入ってからもう7年くらい経つんですけど、何かあったらこれを着てる」

——TAOに入るというのは、一般社会から離れたところにいくイメージがあった？

「そうですね。普通のところではないんだろうなって思っていた」

——そうだよね。会社や学校へ行くのとは違う、別の国に行くような感じだよね。不思議な空気が流れているもの。

「団体行動や見知らぬ人と共同生活をするのが得意じゃなくて、やめていくような新人もいるけど、僕は逆に1人でいるのが苦手なタイプ。だから苦痛に思ったことが一度もない。初っ端はDVDで見た人たちがすぐそこにいて緊張はしたんだけど、居心地もどんどんよくなっていった」

——長くいる人から順にお兄さんお姉さんっていうような関係はあるの？

「ありますね。やっぱり亜里沙さんは一番お姉さんだと思っているし、水藤さんはお父さんって感じ（笑）」

——山本さんは可愛がられてる息子って感じがするけど、自分にとってTAOって何だと思う？

「家族であり、時にはライバルでもあり」

——これからやりたいことは？

「やっぱり曲を作りたいですね。何回かチャレンジしてるんですけど、最後までいきつけなかったりするので」

——曲を作る時のひらめきやイマジネーションはどういうところからくるのかな？

「ランニングをしている時かな」

——メンバーでもリズム型とメロディ型の人がいるわけ？

「そうですね。僕は旋律楽器とかが苦手なので、リズムのほうでいきたいなとは思っています」

——最初にTAOを知ったのはいつ？

「父親がTAOを好きで、いつも車の中で流れている曲があって、僕もずっと聴いていたけど、その時は何なのかは全然意識してなかったんです。その後、専門学校に通ってひとり暮らしをしていたんですけど、就活も全然うまくいっていない時期に、父親から一回TAOを見てこいと言われて。東京に見に行って、すぐに履歴書を送りました。父は太鼓を教えていて、自分でも少しはやっていたけど、本格的に始めたのはTAOに入ってから。奇跡的に合格できたんですけど、なんでおまえが受かったんや？って先輩にも社長にもよく言われてますね（笑）。タイミングと運がよかったんだと思います」

——今は本当に幸せそうに見えるメンバーのひとりですよね。

「実に幸せですよね（笑）」

——いきなりですけど、「逃げごし」って言われてたんですって…

「高校を出てすぐTAOに入ったのですが、親元を離れて暮らすのも初めてだし、共同生活にも慣れていなくて。しかも基本ができないと太鼓を叩かせてもらえない。そんななか、ランニングで怪我をして走れなくて、泣きながらランニング・コースを歩き、自分はここに何しに来たんだろうと悩んでしまった。それで亜里沙さんにやめたいんですけどって…」

——話をしに行ったわけだ。

「練習もハードで、純粋についていけないからやめさせてくれ、と。入団して1ヶ月も経っていないくらいだった。で、亜里沙さんからそんな中途半端な状況で帰ったら、家族とか兄弟とかで応援してくれた人達がどれだけがっかりすると思う？と言われて、もうちょっとがんばってみなさいと励ましてもらった時に、ほんまやと。自分のことしか考えていなかった。18歳の時」

——どれくらいでふっきれたの？

「今で言う夏フェスで、研修生を交えて演奏する機会があって、初めて本番の舞台に立ち、声援を浴びたのがうれしかったし、やっぱり俺はこのためにやってきたんだって思えて…」

——共同生活をして、みんなで毎日練習しているから、ああいうアンサンブルが出るんだって何人ものメンバーが言ってて、僕もその通りだと思うんだけど、逃げようと思った生越クンもその通りだと思う？

「今でこそその通りと思うけど（笑）、逃げ出したい時期は何が何だかわからなかったし、この人たちなんやねん、なんでこの状況を耐えれんねんって思ってた（笑）」

——となると、今の自分にとってTAOは何？と聞かれたら…

生越寛康

「生きがいですかね。これ以外に何ができるんかって思えるし、舞台に立っている時は本当に楽しい。自分を演じることができて、お客さんから反応があったら、もうちょっとこうしたいって思ったり、今でこそこれしかないんじゃないかなって…」

——大切にしているものは？

「スニーカー。初めて自分でカスタマイズしたデザイン。自分だけのものみたいな感じで愛着もある。大切にしている」

——TAOはこれからもっとおもしろくなっていくと思うんだけど、今みたいな「自分で作る」ことでいうと、TAOのなかで何をやっていきたい？

「篠笛で舞台に出させてもらってるんですけど、ソロでやるには技術が足りていない。これからは男でも篠笛でソロで立てるようになりたい」

——TAOに入る前に太鼓はやっていた？

「地元でお祭りに参加するような太鼓から始めて、高校生になって和太鼓部に入ってのめり込んだ。その時にTAOを知ったんですけど、その前は太鼓のプロってなんや？っていうくらい知識がなかった。で、僕は京都出身で、大阪で公演がある時に見に行ったらすごい衝撃を受けた。太鼓でこんなことができるんだって。それで速攻オーディションを受けて、すぐ入ることに…」

——それで最初の逃げるところにつながるんだ。

「そうです。今振り返るとなんて軟弱な奴だって思いますけど（笑）」

DRUM TAO INTERVIEW

林 祐矢

―TAOに入ろうと思ったきっかけは？

「太鼓は高校生の時に部活でやってたんですけど、大して真剣じゃなかった。夢もやりたいことも特にないまま高校生活を送っていたんですけど、そんな時に部活の顧問の先生がTAOの公演のパンフレットを持ってきて、みんなで見に行ったんです。ひと言で言うと衝撃だった。1回見ただけで直感的にこれがしたい、ここに入りたいと思って、それから公演に足を運ぶようになった。自分のやりたいことが初めて見つかって、絶対にやりとげたいと思ったのがきっかけ。最初に見たのは高校1年か2年の時。高校卒業と同時にTAOに入って、今年23歳。TAOに入って5年目」

―実際に入ってみて、やりたかったことと一致していた？

「している部分としていない部分がありますね。入ってわかることもあるし、自分の中での理想と現実もあって。舞台に立った時の感動や興奮、練習のキツさ、新しいことをするキツさ、全てにおいて自分の想像をはるかに超えてましたね」

―舞台を見ていると、林さんはいい意味で出っ張っているよね。嬉しくてやってるような出っ張り感。意識もしてるだろうけど、何が自分の武器になってると思う？

「考えてできるほど器用じゃないから、身長をいかして〝全身表現〟を心がけています」

―写真とかを撮っていても、身体がパッと反応してる。その速さっていうのは…

「常にカッコよくありたいって思ってる。なんかあの人、魅力あるなって、男性からも女性からも言われるような存在を目指してます」

―学校とか既成の概念になじめなかったタイプでしょ？

「正直そうですね（笑）」

―だからこそ、コレだと思うものと出会った時にストレートに行けるんだろうね。それが今TAOで行われてることとフィットしてる。5年をひとつのタームだとすると、次のステップでやってみたいことは？

「目指すのは江良さんとか岸野さんみたいなTAOの顔。振り付けも好きなので、新しい振り付けや動きを作っていきたい。前回の作品で振り付けをした時は、ダンスミュージックが好きなので、それを麓と一緒に踊ってみて、太鼓とリンクする動きを考えながら作っていった」

―麓クンと2人でいると、明らかに新時代の人って感じがするよね。

「嬉しい。次の時代の顔になりたいです」

―大切なものは？

「20歳の時にヨーロッパ・ツアーに行った時、成人式の日にもらったみんなからのメッセージ。成人式は人生のターニング・ポイントというか、人生で大切な日だと思うんですけど、それをヨーロッパで迎えることができて、普通の人には絶対にできない経験をさせてもらった。その感謝と同時に、成人した時、そこにいたことで、この道でやっていく覚悟がさらに固まった瞬間だった。ドイツで、初めての海外ツアーだったけど、今見てもあの時の気持ちを思い出せるんです」

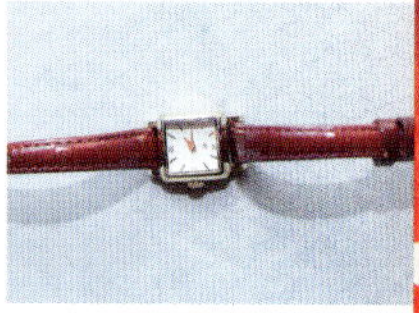

中井沙紀

——**大切にしているものをまず…**

「TAOでレギュラーに昇格して自分で買った時計。入団は2013年4月で、1年経ってレギュラーになれた。そしてTAOを知ったのは小学6年生、12歳の時。大阪に毎年TAOが来ていて、見に行っていた。完全にハマってましたね」

——**何がそんなによかった？**

「日本の伝統的な和太鼓とは全く違う新しい感覚で、日本のものを取り入れてるのが新鮮だった。衣装も楽曲も。まだコシノさんの衣裳ではやっていなかったけど、男性がロングのスカートを履いているのも新鮮だった。高校卒業後、専門学校に2年通ったんですが、卒業する時に進路に迷い、就職するか、TAOに入るかで、元担任の先生に相談したら、せっかく資格も取ったんだから働くほうがいいと言われて2年間就職しました。でも働いていたらどんどんTAOに入りたい、舞台に出たいという気持ちが強くなって、オーディションを受けることを決意した」

——**今の自分にとって、TAOはどんな存在？**

「永遠の課題というか、どこまでも追い求めているもの。今はレギュラーにはなったものの、満足感はそれほどないんです。なった時はすごくうれしかったけど、レギュラーになってからがスタートだという気持ち。そしてレギュラーの上のスーパーレギュラーになりたいと思っているから。TAOは進化し続けていくカッコいい集団。自分もそうなりたいと思っています」

DRUM TAO INTERVIEW

山口竜昇

——**TAOに入ってから何年？**

「今年で5年目。最初に出会ったのはWBC（ワールド・ベースボール・クラシック）、オープニングの時。コシノ先生の紹介で、TAOと僕の所属していた体操チームが一緒にやることになった。その時、太鼓の音で踊ったらいつもより身体が動くような気がして、すごく楽しく踊れた。それまでは機械音だったので。その音がTAOに入ろうと思ったきっかけです」

——**太鼓の音はプリミティブだから、何か呼び起こされる感じ？**

「そうですね。あ、動くみたいな。弾むというか、身体が自然と動く感じ」

——**それで入ろうって思った…**

「踊れることが一番好き。海外でもできるし。踊りの振り付けのベースは自分で作り、社長のアドバイスで作り直していく」

——**TAOって、人に説明するならどんなグループだと？**

「和太鼓を使ったサーカス集団みたいな感じ。和太鼓だけじゃなく、踊りやアクロバットもあるし。僕達以外のメンバーもどんどん踊れるようになってきていて、入団当初と全然違うグループになっています」

——**お互いに刺激になっている？**

「はい。僕達が教えた振りをどんどん覚えていくので、覚えるスピードも早くなっている。いろいろやってくれるし、こちらも楽しい」

——**大切にしているものは？**

「僕は本当に踊りが好きで、西川直樹さんというダンサーが憧れの人でよく真似してました。ダンス動画を見るアイテムが大切なものです」

前田優樹

——TAOに入ったのは？

「今日（4月1日）で丸1年」

——それでもうレギュラーはすごい。

「山口竜昇さんと同じ大学で新体操をしていました。どこでこの能力を使えるかと考えて、シルク・ドゥ・ソレイユかTAOに行こうと。でもシルクは外国での生活が合わないかなと思って。大学の頃は各地方大会とか遠征とかで親に迷惑をかけたので、日本中を回って親にも見せられるからTAOに決めました」

——山口さんも言ってたけど、太鼓の音で身体が動く感覚はある？

「TAOを知ったのは5年くらい前のWBCのイベントで共演したのがきっかけ。その日の夜に竜昇さんがTAOに入ることが決まって、それも決め手のひとつで3年後に入団したんですけど、生の演奏で踊るのは自分の中で高揚感がある。テンションも上がって、感情のこもった表現ができるようになりました」

——これからやってみたいことは？

「今までは曲の制作に関わっていないので、最初から曲作りにも参加して、自分の表現をしたい」

——曲を作るとしたら、どんな感じのものがやりたい？

「波のある曲というか、アップダウンが激しい、いろいろ変わる曲がいいですね。身体が自然に動くような」

——大切なものは？

「ゲーム機器。本とかだと主人公が決まっているけど、ゲームだと自分が主人公になりきって行動ができるから…」

髙山正徳

——大切にしているものは、太鼓のストラップ？

「TAOを小4の時に見てプロを目指そうと思って、そこから地域の太鼓チームに入り、本格的にプロの方の個人レッスンを受けるようになった。TAOの試験前日まで練習に付き合ってもらって合格できたんですけど、報告したら入団する前日にメッセージ付きのストラップをプレゼントしてくれたんです。2012年のこと。今23歳で、TAOに入って6年になります」

——TAOに入ってみて、プロの人から教わっていたことと違うと思ったことはあります？

「その先生についた時にTAOに入りたい、TAOのスタイルを真似していきたいと伝えていたので、入ってからも特にギャップはなかった」

——TAOのスタイルって、人に説明するとしたらどんなものだと？

「表現方法の広さ、大きさですかね。その先生からは、太鼓の技術を集中的に教えていただいて、表現の面はTAOに入ってから教えてもらった。TAOに入ってからパフォーマーとして進化したと思うのは、これまでは太鼓一本できたけど、TAOは太鼓以外のパフォーマンスの部分もいろいろあるので、そういった演目をやらせてもらっているうちに表現という部分が自然と身についてきたこと」

——次のTAOで抱いている夢は？

「舞台に立つからにはやっぱりセンター、存在感のあるプレイヤーを目指します」

荻野靖晃

——TAOに入ってからは？

「5年目。和太鼓の経験はなかったけど、吹奏楽では打楽器を全部やっていた。大学4年の時にオーケストラの先生がプロと共演した話をしてくれて。和太鼓は打楽器とまた違っておもしろいよと言っていたので、興味本位で見たんだけど…。おもしろくないなあと思っていたところに、TAOの里のドキュメンタリーを見たら、そこにムキムキの江良さんが映っていて、ここめちゃくちゃカッコいいなと思って、履歴書を出したのが始まり。オーディションで運がよかったのは、その日は嵐でランニングがなかったこと（笑）。なんか演奏してくれと言われて、ティンパニーでやっていたフレーズを叩いたら、和太鼓が初めてのわりには叩けるなあって。団員全員の前でピアノも弾いた。演奏したのは、『展覧会の絵』の『プロムナード』とドビュッシーのきれいな曲。特別な面接で入団が決まり、何が何だかわからないうちにTAOの生活が始まった」

——おもしろい話だね。

「入団時にもらった岸野さんの言葉は、今も心に残っている。『君は他の人とは違う特徴がある。でも君の本当の力が開花するのは、和太鼓で一番になると決めて、実際にそうなるまで頑張った時だと思う。たとえ10年かかろうと、和太鼓という一点は外してはいけない』。10年後にこんなふうに言える人間でありたい。ちなみに最近のお気に入りはアロマディフューザー。リラックスするのに最高のアイテムです」

清田慎也

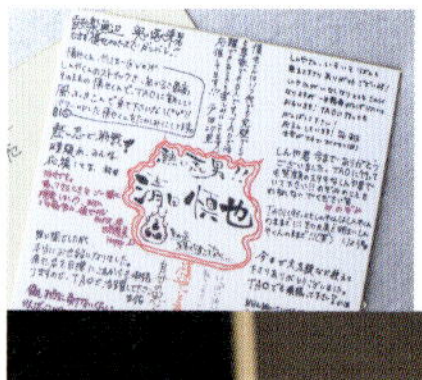

——TAOに入ってどれくらいに？

「今年で4年目。レギュラーになって丸1年。発表された時、相当嬉しくて思わず泣いてしまった」

——レギュラーになる時の関門は？

「アメリカ・ツアーから帰ってきて発表会があり、笛を聴いてもらった。通常は昇格試験で社長が見て、総合平均80点以上だとレギュラーになれるんですけど、海外組は頻繁に見れないので特別に聴いてもらえた。でも太鼓を叩けたり、笛を吹けるだけではレギュラーになれない。TAOで仕事も含めていかに貢献できるかがひとつの関門になっている」

——自分の中では何が一番貢献できていると思う？

「小1の時から太鼓をやってきたので、なんでもこなせることが自分の武器だと思ってる」

——TAOのどんなところが好き？

「自由さ。和太鼓でこれをやる？ってところに憧れていて、タブーなことさえ武器にするところが好き。その自由さはどのチームにもない」

——大切にしているものは？

「色紙。TAOに入団する時に、地元の大親友がいろんな人に声をかけて寄せ書きをしてくれて、入団してずっと枕元に飾ってたんですけど、大親友のコメントだけが見当たらなかった。そしたら熊本地震の時に色紙を入れた額が倒れて、裏面にひと言『やってやれ』と書いてあったのを発見した。ちょうど地震で精神的に不安定で、新作のことも心配だったけど、このコメントを見てスイッチが入った」

DRUM TAO INTERVIEW

比和野航大

——TAOとの出会いは？

「地元の名古屋で、小3の時に習い事程度で太鼓を始めたんですけど、先生にTAOは私たちと全然違うプロ団体だから見に行こうと言われて行ってみたら、自分たちとかけ離れすぎていて唖然としてしまった。小6の時。〈火の鳥〉の作品だった。衣装も、演技とか表現もすごすぎて言葉にならなかった。真似できたらいいなと思ったくらいで、入れるとは全く思わなかった」

——入ろうと思ったきっかけは？

「いとこの母がTAOがすごく好きで、高3で就職も決まってなくて大学に進学するわけでもなかった時に、どうせ行くところがないんだからオーディション受けてみたら？と言われたのがきっかけ。僕が高2の時がTAOがオーディションを初めて開催した年だった。2012年。思い出作りぐらいの軽い気持ちで受けたんですけど、合格通知が2ヶ月後にまさかのまさかで来て、入団することに」

——そして今レギュラーになって、居場所をつかみ、どんなことが一番いいと思う？

「レギュラーになったのは4年目。この4月で5年目なので、時間はすごくかかりました。でも舞台の上で自分を解放できるのが最高。共同生活で常に自然体でいられるところは、まさに部族だと思う」

——大切なものは？

「TAOビンゴ大会で当たったApple Watch。海外ツアーでもすごく役に立ちました」

浜田翔哉

——大切なものは？

「レギュラーに上がった時に社長に買ってもらった財布。上がるまでに3年かかったんですけど、全ての思いが凝縮されて、詰まっている」

——TAOに入ろうと思ったのは？

「感動ですね。小1でTAOに初めて出会った時は、本当に太鼓なの？っていう感じだったけど、小4で2回目の演奏を見て、このメンバーと一緒に叩きたいと思うようになり、それからずっと努力をしてTAOを目指していました。オーディションを受けたのは高3の夏。10年くらいTAOを目指してきて、無事に1回で受かりました」

——レギュラーから、次の目標は？

「どんどん上に行きたい。岸野さんみたいなプレイヤーになりたい。岸野さんのみんなをまとめる力に憧れているし、全てのことに熱くぶつかっていく、徹底的に集中して研究するような、熱い男の部分に憧れています」

——TAOが好きで、岸野クンが好きって一貫してるね。趣味もTAO？

「入る前から趣味を聞かれたら太鼓と答えていたし、興味は全部太鼓関連のことばかり。友達は普通にいろんな音楽を聴いていたけど、僕はTAOばかりでした。制作に携わりたいので、最近はいろんな曲を聴いて勉強している。TAOに入る前までは他のことに全く興味がなかったし、すぐにTAOに重ね合わせてしまう。本当に太鼓バカ。TAOバカだったんです（笑）」

DRUM TAO INTERVIEW

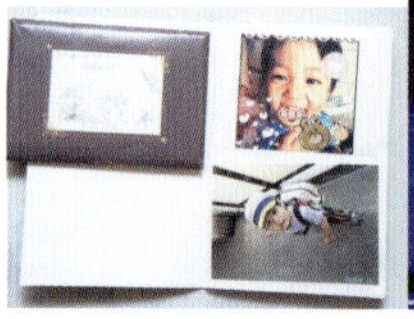

福水創志郎

——グループが共同生活しているところにいろいろ行ったことがあるけど、大体食事がハズレ。でもTAOの里は食事が充実している。藤高さんの基本方針でもあるんだろうけど、福水さんの腕前はすごいよね…

「社長が食通なので、社長に近づくチャンスとして食事はけっこう大きいんです。1年目の準レギュラーの時に演目に出させてもらっていたけど、レギュラーに上がるには何かひとつ足りない。何かアピールしなければと思って、料理担当をやらせてもらいたいと言って始まった。一番大きいきっかけは去年の3月末にコシノ先生が衣装のチェックで来られた時に喜んでもらい、社長も喜んでくれたこと。自分としてもここで生活するなかで、最大限にアピールできるものを身につけたとその瞬間に感じました」

——そのくらい食はTAOの里で重要なファクターってことだよね。そしてここにいていいと思うことは？

「一番思うのは夢を見させてもらっていること。社長の話が非現実的で、ニューヨークで常設とか…」

——でも藤高さんは実現していく…

「そうなんですよね。自分でも実力不足だとはわかってるんですけど、舞台に立つと社長の作る夢の世界に入り込める。自分が別人格のようになれる感覚はすごい楽しい」

——大切なものは？

「甥っ子の写真と、僕の誕生日プレゼントに甥っ子が描いてくれた似顔絵。僕にとって甥っ子は特別な存在です」

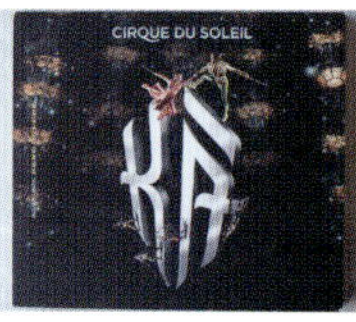

中村 優

——TAOに入って何年経ちます？

「丸5年。レギュラーと研修生を行き来して、最近レギュラーになったのは去年の9月です」

——レギュラーからも落ちるんだ…

「レギュラーとしての決断力が弱くて、それが足りなくて迷っているのを見抜かれてしまったのが一番の原因。技術というより精神的な部分。ここで生きていくためには常に目標を持って向かっていかなければいけないと、よく言われていました」

——またレギュラーになれた時に、何かを掴むきっかけはあった？

「変わるきっかけになったのは、目標の見つけ方。自分が今何をしなければいけないかを考えられるようになったし、社長や先輩達のことを信じると決めたら迷いなんて消えちゃいました」

——一体化できたんだね。部族の中の正しい生き方がわかった…

「そうですね。いろんな失敗をして自信をなくした時に、社長や先輩達がずっと信じてくれていたことに気づいて自分のことも信じようって」

——TAOに入ろうと思ったのは？

「11年前、小5の頃に初めて見て、和太鼓ってお囃子みたいなイメージしかなかったのが、これだけの舞台ができるんだってTAOに憧れて太鼓を始め、高3でオーディションを受けた。ずっとTAOに勇気づけられていたので、ここで一生に一度の挑戦をしたいと思ったんです」

——大切なものは？

「シルク・ドゥ・ソレイユのCD。パワーをもらえます」

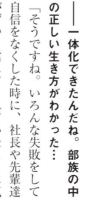

ROCK

DRUM

PHOTOGRAPH BY TAKUYA ERA

ECORDING

R

※長時間のご利用
はご遠慮下さい。

AND DREAMS

LAND OF HOP

缶 類
KAN

TAO Art Village

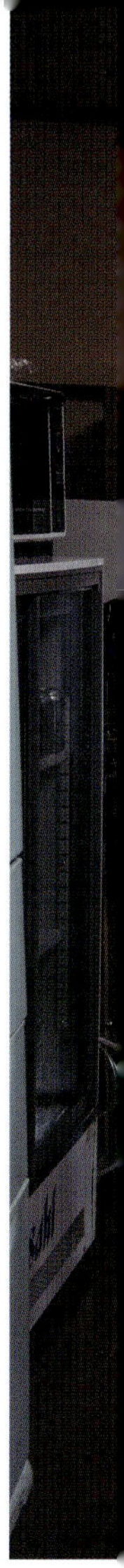

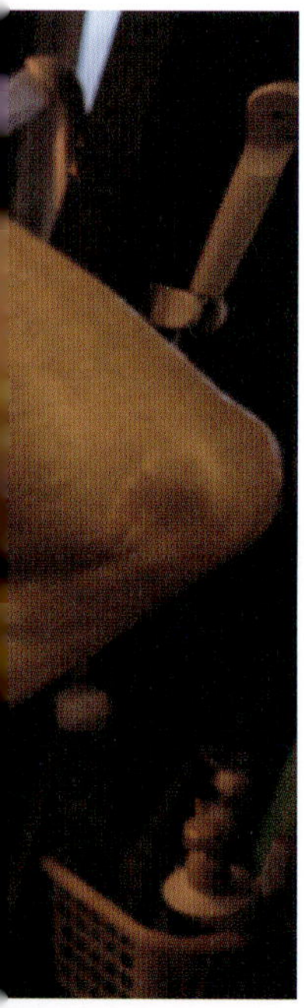

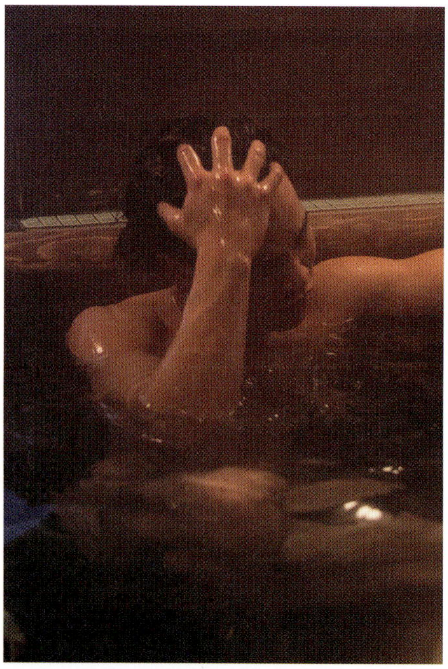

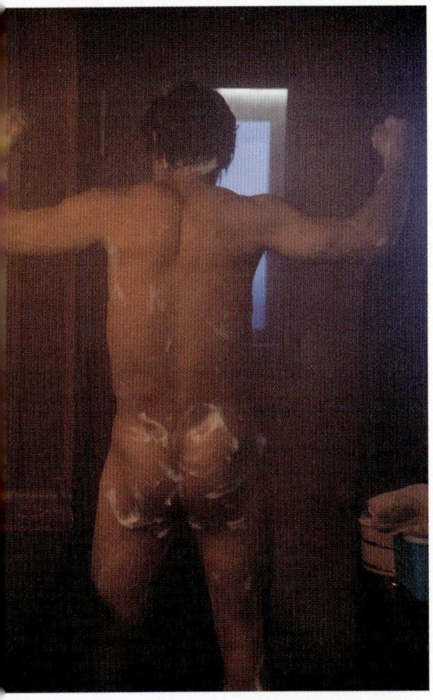

AND TODAY

YESTERDAY

宝　大将

米
阿波屋
30

岡城
元気出

藤高郁夫

TAOという名前のグループを立ち上げ、今や世界で通用するところまで成長させた藤高郁夫はTAOのプロデューサーであり、フランコドラオと名乗る演出家である。常にポジティブで、夢の実現に向けて走り続けている彼のことを〝TAOの里〟で共同生活をしているメンバーは愛情と尊敬の念を持って〝社長〟と呼び、深い信頼関係で結びついているが、TAOという稀有な魅力と個性を持ったグループ＝部族の現在と未来を全て握っているといっても過言ではない。ビジネス感覚と創造性が見事なまでにバランスよく同居している藤高郁夫との会話は時の経つのを忘れさせてくれる。

――今回、25人のメンバーにインタビューしたんですけど、藤高さんあってのTAOという言い方を、僕が思っていた以上にみんなが自然に口にした。一糸乱れぬアンサンブルとか協調性のようなものは全て共同生活があってのものだと。本当に深い信頼関係があり、うまく機能していると思うんですが、それは最初から狙いとして持っていたんですか？

「全然ないですね。ただ人数が多くなってきて、1人で手が回らなくなったというのもあるし、年齢も50歳を超えたくらいから次のことを考えなければいけないと思ってはいる。最初はメンバーが7人で、僕を入れて8人しかいなかったからピラミッド経営どころじゃなかった。僕も最初は太鼓を知らなかったんだけど、TAOの演奏を見てすごく感動して、彼らと一緒に世界を築き上げていこう！　と決めたんです。でもいざ活動が始まってみると、全員タバコを吸うし、浴びるように酒を飲むし、夜中に抜け出して女に会いに行くし、こんな人たちで大丈夫かなって思ったんです。じゃあどうすれば、と考えた時に、水藤の顔が浮かびました。その時は団長、副団長がいて、水藤って下のほうだったんですよ。組織を作っていくには、やはり真面目じゃないとダメ。僕らは個人プレーじゃなく、組織力でショーを作っていかなければいけないから、お前がもしリーダーをやっていこうっていう気があるなら、俺はその方向で考える、みたいなことを言ったら、え、俺ですか？って驚いてたんだけど、僕は本気だった。その辺りから組織をきちんと作っていこうと思うようになった。真面目な人が手本となっていい組織を作っていく。無名の時から女や酒に溺れるくらいだったら、有名になったときにはもっと大変なことになる。水藤にはそれがなかったですね」

――いい話ですね。まさに誕生秘話。そういうところからスタートして、TAOの里に拠点が定まって、夢に向かっていく。夢だけを語ってリアリティがない人って多いけど、藤高さんは夢を持ちながら、数字のことや人間関係などをものすごくリアルに考えるタイプですよね。日本人は大体どっちかなんですよ。その辺のバランスの良さって、元々あったものなんですか？

「大学を卒業してちょっとサラリーマンをやって、それからすぐに自分で商売を始めて、羽振りがいい時もあったけど、大変な状態になってやめ、いろんな経験をしてきたので、今度は失敗しない方法を一番に考えていましたね。羽振りのよさもみんなに見せながら、天使と悪魔が混在するような感じでしゃべってました。和太鼓をやってる人だからということで、近所の人から野菜やお米をたくさんもらったりすると、僕らは貧乏に見えるんだろうなと捉えたり。だからみんなが外車に乗って、カッコいいスーツを着て、親御さんに豪華な旅行をプレゼントしたりできるアーティストを目指したいなと思って、そのためにはひとりずつこのくらいのお金が欲しいよなって、具体的な金額も言うんですね。20人メンバーを増やしたら、いくら必要。ということは、これだけ公演をすれば可能なんだね、というふうに。それで今度は地図を広げて、当てもないのにここここでやろうとか。市役所とかに電話してみようぜとか…」

DRUM TAO INTERVIEW

——まさに部族の侵攻作戦。でも、おもしろいのはパフォーマンスをするメンバーと営業をする人が一緒なんですよね。最初トランポのトラックの運転までメンバーがやってるのにびっくりしたのを思い出しますよ。

「営業部隊を最初から雇えるほどお金もないし、営業部隊でリクルートした子は無理な注文がしづらい。でもメンバーは最初から寝食をともにしていて、無理なこともけっこう通る。だからオマエ電話しろって始めたんですけど、どんなふうに話すんですか？ってみんな震えているんです。エンターテイメントでもメジャーデビューして、テレビに出たり、海外に行ったりっていうのではなく、最初はこの地域で、次は市の単位、県の単位、九州っていうふうに少しずつ広げていった。その方が絶対に確実だし、無理のない状況でやれるから。そしたらある日、メンバーがもう営業はやりたくない、と。じゃあ何やりたいんだって聞いたら、いい作品を作りたいと迫ってきた。それで福岡に営業所を作った。そこまで10年近くかかった」

——いい意味で時間がかかって、いわば基礎工事がちゃんと終わって、いろんなものが進んでいくから強いですよね。そして制作となった時に、経営と並行して制作についても、藤高さんのイメージが最初にあって、そこからみんなが作っていくという、おもしろい作り方をしている。それに関しては、ものを作る人間と養っていく人間の両方をやっているわけですけど、自分のなかに2つの人格があると思いますか？

「思った時もあったけど、今はこれがひとつの自分であるっていうふうに思える。フジタカイクオとフランコドラオ…」

——今回の新作は〈ドラムロック～疾風～〉で、前回が〈舞響～Bukyo～踊る○太鼓〉。作品を作る時はまずタイトルから出てくるんですか？

「そうですね。全体的なイメージです。去年は単純に踊り出すような曲を作って〈踊る○太鼓〉にしたんですけど、今年は完全に一気に流れていく疾走感みたいなものを意識して作りたかった。もうひとつは風を感じるんですけど、イージーリスニング的じゃなく、渾身の力で演奏する和太鼓をロックのビートにしたら一体どうなるんだろうとひらめいた。確かにそういうチャレンジはやったことがなかったし、前回の〈踊る○太鼓〉も僕のなかではツアー後半戦くらいになると、ダメだと思うようなことがいっぱい出てきた。まだまだ現代的なテンポになっていないんですよね。それをどうしても変えたかった」

話はまだまだ続いた。過去～現在～未来。そこにTAOがいる。僕は幸福な追走者でいられる。

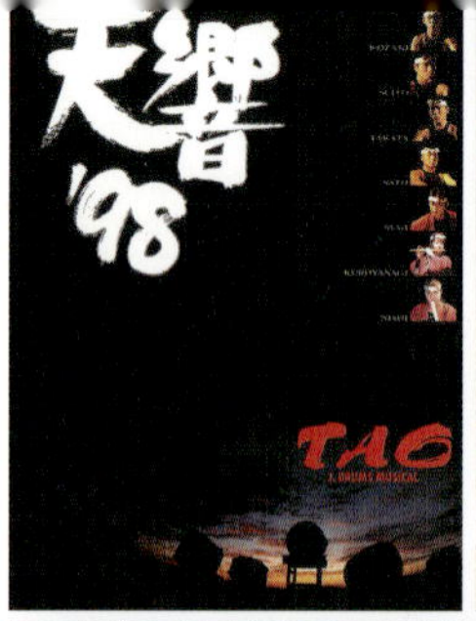

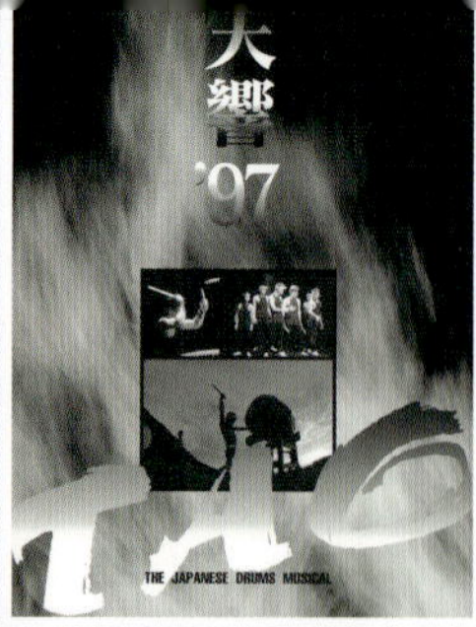

2002年　Beat of Globe

2001年　Asia festa2001

上：1996年　さくら祭り
下：2000年　GRANDIOSO 建設中

1993

愛知県小牧市にて結成

宇宙工学博士・糸川英夫より、チーム名**「TAO〜道」と命名される**

ラスベガス常設興業プロジェクトのため、全国より和太鼓演奏者を集め、ショー制作が始まったが、計画段階で頓挫し、グループは解散

1994

熊本出身のプロデューサー藤高郁夫が代表となってリスタートし、基盤固めのための「九州100万人動員」を計画※

※「九州100万人動員」という壮大な計画は、いかにも藤高郁夫らしいが、その数字には彼なりの哲学と裏付けが存在する。「僕は以前、スーパーマーケットで企画戦略を担当していたのですが、その地域における圧倒的な営業シェアというのは人口の23％で、誰もが名前を聞いたことがあるくらいだと7％という法則があるんです。調べてみたところ、当時の九州の人口は1377万人で、その7％が約100万人だった。これならいけるなと思って、100万人という数字を叩き出したのです」（藤高郁夫、以下同）

北島三郎特別公演にゲスト出演（東京・大阪、各1ヶ月計88公演）〜以後、名古屋・福岡と拡大し、2015年まで12年連続出演（総計1500回）を果たす

1995

「阿蘇くじゅう国立公園」を有する大分県竹田市久住町に移転

世界唯一無二の独創的な舞台「J・DRUMS MUSICAL」の制作に没頭する

地元久住のリゾートホテル「レゾネイトクラブくじゅう」での定期ライブや、久住サンホールにて定期公演を開催

1995年　集合写真

1996

九州各地の劇場で年100回を超える公演を行うようになる

舞台・演奏・演技の研修プロジェクトを始める

〜日本の名演奏家・舞踊家を招聘。世界各地へ派遣研修も始める（ラスベガス、インドネシア、バリ、セネガル、韓国など）

1997

フランコドラオ（藤高郁夫演出家ネーム）作・演出「天響'97」を発表※

※フランコドラオというのは、藤高郁夫の演出家ネーム。シルク・ドゥ・ソレイユの創成期に多くのショーを手がけた世界的演出家フランコ・ドラゴーヌに敬意を込めたネーミングだ。「ラスベガスで『ル・レーヴ』というフランコのショーを見て、衝動的に彼の本を買いました。英語を少しずつ訳しながら読んだのですが、これほど好きならフランコドラオと名乗っていいかなと思ったのです。10年前からこの名前をときどき使っていましたが、コシノジュンコさんと出会って2年目くらいから腹を括る意味でも、継続して使うように。コシノさんがカタカナ表記なので、ちょうどいいかなという思いもありました（笑）」

「言葉なきミュージカル」と題したこの作品は、和太鼓界から大きな不評を受け孤立的な存在に。しかし、若い人を中心にファンが増大し、年間15万人を超える観客を動員

1997年　舞台

1998

ファーストアルバム「天響」を発表

第13回国民文化祭おおいた'98「全国郷土芸能＆アジアの芸能の祭典」に出演。演出を藤高郁夫が手掛けた

福岡キャナルシティで37回のストリートLIVEを行う（10万人動員）※

※知名度アップを目的に行った無料LIVEだったが、その圧倒的なパフォーマンスは多くの人に感動を与え、予想以上の反響を呼ぶことに。「当時は宣伝費もなかったので、タダでいいからやらせてください、と。その代わりお賽銭箱を置かせてもらったのですが、400万円弱集まり、グッズ販売でも600万円くらいの収益が出て、無料LIVEが結果的に興行になっていました。不良っぽい若者たちが、タバコを吸いながらふんぞり返って演奏を見ていたのですが、そのうち背筋を正して、タバコを消して、『俺、惚れました！』と泣きついてきたりして（笑）。このLIVEを見てくれた方が、後々チケットを買ってくれるようになったのです」

1999

フランコドラオ　作・演出「道楽'99」を発表

「第2回アジア芸能の祭典」を演出・プロデュース（2001年まで毎年開催）

12月31日　第50回　紅白歌合戦　北島三郎「まつり」出演

同日　福岡キャナルシティでの「ミレニアムカウントダウン」の大役を担う

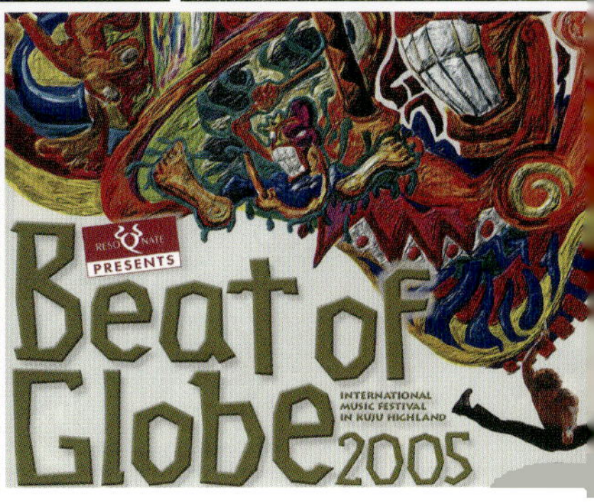

上：2004年　エディンバラ・フェスティバル・フリンジ
下：2005年　イスラエル

2000

TAOの里「GRANDIOSO」設立※

> ※TAOの拠点となっているGRANDIOSOとの出会いも、絶妙のタイミングだった。「1996年くらいから毎年ラスベガスに営業に行っていて、ようやくとあるホテルでショーをできることになりました。ただしラスベガスでの興行はハイリスク・ハイリターンなので、僕自身は挑戦したかったのだけど、当時の女性陣に『まだ早い！』と反対されることに。そんなとき、GRANDIOSOの土地の借り手を探しているという噂を耳にして、当初ラスベガスで使うつもりだったお金を急遽こちらへシフト。そのときはこんな素敵な場所になるとは思いもしませんでしたが、導かれるような偶然ですよね」

4万平米の土地に大小3つの稽古場、トレーニングジム、スパ、ゲストハウスなどを有する複合施設が誕生

TAOの里では、メンバー自らがLIVE・宿泊・食事などの全運営を行い、不定期で年60回開催

～特に「日の出LIVE」は、全ての観客が感涙する話題のLIVEとなる※

> ※チケットが毎回即完売していたという、伝説の日の出LIVE。「TAOの里になる前にこの地を初めて訪れた時、日が昇る方角を調べて、ここで日の出LIVEをしようと真っ先に思いました。初日の出を拝むような神々しさをLIVEの名物にすれば、たくさんの人が来るだろうなと思ったのです。やってみたら大好評で、このLIVEを見たくて久住に泊まるお客さんが絶えませんでした」

年間公演回数150回に拡大

結成当時に掲げた、「10年で九州管内100万枚チケットセールス」を、7年半で達成。本拠地「九州」が定着

フランコドラオ　作・演出「道楽2000」を発表。99年に引き続き「道楽シリーズ」の展開

7月29日　第5回ベンチャースカウト大会　開会式（久住沢水キャンプ場）で演奏。訪問された秋篠宮殿下・妃殿下より表彰状を頂く

10月9日　第30回久住高原祭りを演出プロデュース

第1部　子ども芸能フェスティバル、第2部　第3回アジア芸能の祭典では、国内外よりゲストを招聘し、国境を越えたコラボを発表

12月　TAOの里「GRANDIOSO」～WINTER LIVE～

2001

フランコドラオ　作・演出「LIVE2001 performing arts by TAO」発表

7月30日　21世紀未来博覧会「山口きらら博」にて、山陽小野田市・創作舞踊「竜王伝説」楽曲プロデュース／出演

10月7日　第4回アジア芸能の祭典／韓国のサムルノリと舞踊のコラボレーションを披露※

> ※「1998年に大分県で開催される国民文化祭を前に、久住町役場の方が僕のところに何かアイデアはないかと相談に来ました。これからはアジアの時代だから、日中韓の芸の祭典が面白いのでは？ということになり、実際にやったところ瞬く間に噂になって、韓国のサムルノリと共演してほしいという話が舞い込んできたんです。韓国へ行って、練習の際にトッケビというグループの曲を和太鼓でアレンジして披露したら、君たちみたいな日本人は珍しい、と喜んでもらい、大いに盛り上がりました」

10月20日　北九州博覧祭2001／ファイナルアクトとして出演

2002

第1回久住高原国際音楽フェスティバル「Beat of Globe」発案、開催

久住高原を売り出すことを目的とした「久住高原観光事業協議会（7社会）」に参画

ゲストにエクアドルのフォルクローレ・セネガルのアフリカンドラムを招き、久住の観光施設を巡ったライブを実施、1週間で延べ10万人を動員

フランコドラオ　作・演出「この空につつまれて」を発表。久住の自然をテーマにした雄大な作品と好評を博した

2003

結成10周年「九州100回・100様ライブ」計画を実施

フランコドラオ　作・演出「TAO LIVE 2003・10TH ANNIVERSARY」発表

3月15日・16日　ハワイ国際太鼓フェスティバル出演

11月2日・3日　第2回久住高原国際音楽フェスティバル「Beat of Globe」開催

2004

英国「エディンバラ・フェスティバル・フリンジ」に初参加※

> ※2001年、サムルノリとの共演した際、韓国のミュージカル「NANTA」をプロデュースする会社の社長から、同フェスティバルへの参加を強く勧められる。「ハイライトショーで迎えてもらったのですが、僕らの演奏を見たいろんな国の方から連日オファーが殺到しました。そして2005年にワールドツアーが始まったのです」

1800団体が挑戦するなか、TAOは初参加でチケットセールスNo・1となった（全26公演）

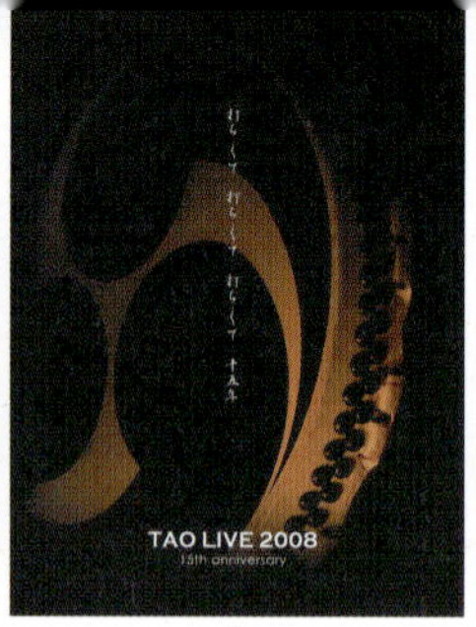

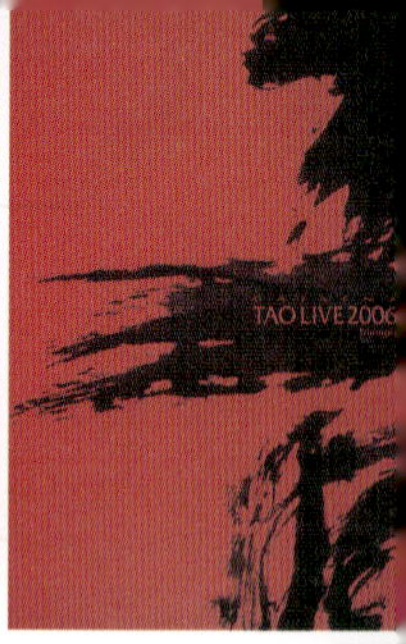

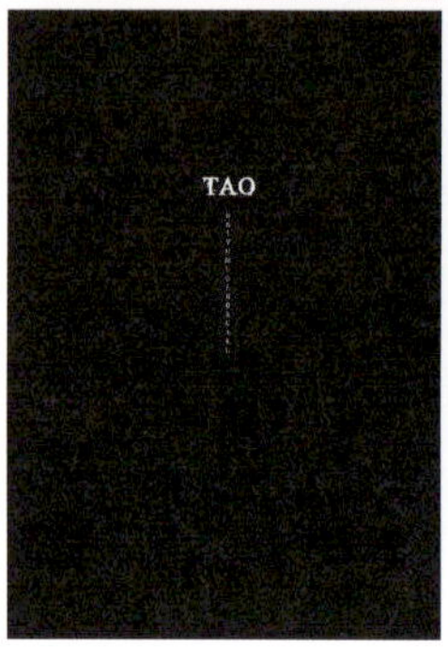

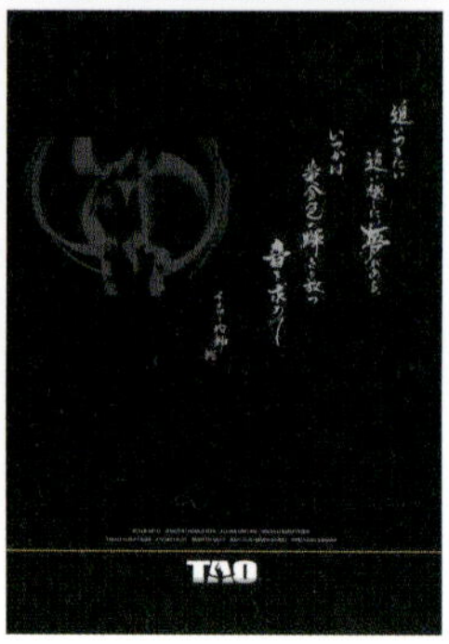

2006年　オーストラリア

各メディアより「疑いなく今年最高峰の舞台である」など大絶賛を受ける
同時期、東京国際フォーラムにて初のロングラン公演を実施
フランコドラオ　作・演出「舞音の土也」発表
1月1日〜3日　大分パークプレイスお正月ライブスタート（以降毎年開催）
9月　ハワイ公演（2公演）、韓国公演（5都市7公演、ソウル国際ドラムフェスティバル出演）

2005

本格的なワールドツアー開始
フランコドラオ　作・演出「THE MARTIAL ART OF NOISE」発表
3月6日〜3月10日　ニュージーランド・オークランドフェスティバル出演（4公演）
5月31日〜6月13日　イスラエル公演4都市7公演（エルサレム／テルアビブ／ハイファ／ガラリア湖）
7月23日〜24日　第3回久住高原国際音楽フェスティバル「Beat of Globe」開催
8月5日〜29日　英国「エディンバラ・フェスティバル・フリンジ」2年連続出演、2年連続チケットセールスNo.1を樹立（全26公演）
9月24日〜10月28日　オランダ・ベルギーツアー（全25都市25公演）
12月　TAOの里「GRANDIOSO」〜WINTER LIVE〜

2005年　いざ！聖地エルサレム

2006

海外ロングラン公演敢行、海外滞在日数が年間5ヶ月以上に及ぶ
1月　TAOの里「GRANDIOSO」〜WINTER LIVE〜
1月10日〜3月25日　ヨーロッパツアー　**ドイツ・ハンブルグにてロングラン公演（54公演）、20年の劇場創設以来、最高のチケットセールスを記録**
スイス・チューリッヒ（20公演）／ドイツ・ベルリン（6公演）
4月〜5月　TAOの里「GRANDIOSO」〜SPRING LIVE〜
8月19日〜9月29日　オーストラリア・ニュージーランドツアー（10都市14公演）
10月8日　新竹田市一周年記念「竹王国の誕生祭」発案、開催（1万人集客）
10月24日〜11月16日　イタリア・ミラノロングラン（17公演）、ルガーノ・ボローニャ（2都市3公演）
12月24日　クロレラ工場スポンサー貸切公演開始（以降毎年開催、2016年現在全国12公演に拡大、年1万人動員）
12月　TAOの里「GRANDIOSO」〜WINTER LIVE〜

上2006年　ローマ　トレビの泉
下2006年　チューリッヒ　TV出演

2007

ヨーロッパ全土100回公演。台北アリーナ単独公演・2日間ソールドアウト
1月9日〜3月13日　ヨーロッパツアー（ドイツ48都市95公演・スイス4都市10公演）
4月6日〜7日　台北アリーナで単独公演「絆」を行う（4万人動員）
フランコドラオ　作・演出「打・DA」を発表。原点を見つめ、深く強い一打の響きを探求した作品
8月25日・26日　第5回久住高原国際音楽フェスティバル開催
9月14日〜11月7日　オランダ・ベルギーツアー（37都市38公演）
11月23日〜12月1日　アメリカ・シカゴ公演（6公演）／ニュージャージー・ニューブランスウィック公演（2公演）
この公演をきっかけに全米ツアーへと拡大
12月30日　第1回TAO感謝祭開催

上2007年　台北アリーナ外壁ポスター
下2007年　台北アリーナ公演

2008

8ヶ月に及ぶ超ロングラン世界公演実施
1月1日　新春SPECIAL LIVE TAOの里「GRANDIOSO」〜日の出ライブ〜
1月7日〜4月27日／10月1日〜11月30日　ヨーロッパツアー（ドイツ46都市53公演・スペイン22都市22公演・スイス3都市4公演・デンマーク2都市2公演）
6月13日・14日　2年連続台北アリーナTAO単独公演
6月21日　第2回TAO感謝祭
6月28日〜8月16日　オーストラリア

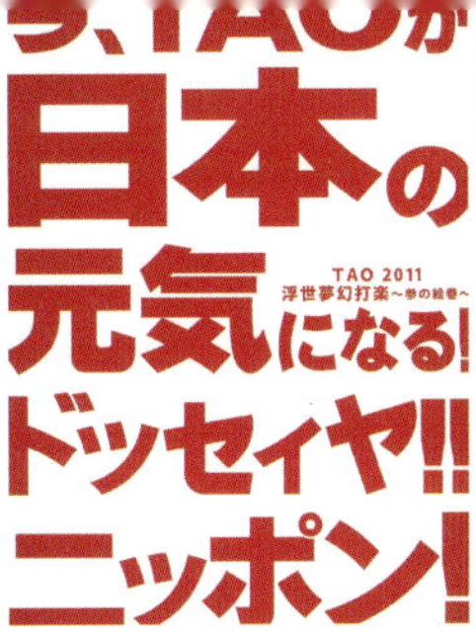

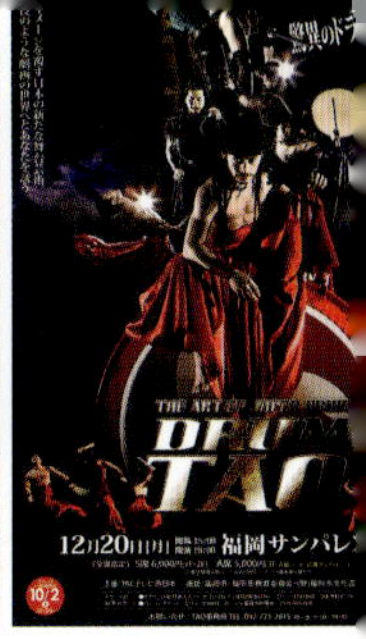

2011年　シンガポール

ツアー（27都市38公演）
9月27日　おおいた国体　開会式・オープニングアトラクションを務める
12月　フランコドラオ　作・演出「浮世夢幻打楽〜序の絵巻〜」発表
江戸時代の大衆が好んだ浮世絵・歌舞伎からインスパイアされた舞台

2008年　オーストラリア ラグビーオールスター戦「ステート・オブ・オリジン」開会式

2009

TAOの里に2000人を収容する野外劇場「赤兜」建設／「浮世夢幻打楽」シリーズ開始／日本全国縦断ツアー実施

1月　ヨーロッパツアー（ドイツ40都市75公演・スイス5都市7公演・オーストラリア2公演）
4月　世界的な建築家・丸山欣也氏デザインによる、TAOの里「GRANDIOSO」に2000人を収容できる野外劇場「赤兜」を設立
5月〜6月　フジテレビ系列各局主催の全国横断ツアー（全15公演、2万人動員）を実施
8月　TAO新生チーム Yellow による赤兜LIVE開催（全22日間）
8月　英国「エディンバラ・フェスティバル・フリンジ」へ熱烈な再演オファーを受け参加
圧倒的なチケットセールスで新記録を樹立（全26公演、4年ぶり3度目）
12月22日　共同出資会社「株式会社TAO一風堂パートナーズ」を設立※

※博多発祥のラーメン専門店・一風堂。現在は「IPPUDO TAO」というコラボ店舗があるほどだが、その出会いはこんなふうに始まっている。「うちの営業マネージャーが、世界戦略を狙っている一風堂なら、TAOのことを理解してくれるだろうと粘り強くかけ合ったところ、LIVEを見て感動した秘書の勧めで、河原成美オーナーがTAOの里に来ることになったのです。そこで我々は里にやってきた河原さんの車をさり気なく誘導して、車を降りてベンチに座ってもらい、その瞬間みんなが演奏を始めるというサプライズを仕掛けました。それが見事に的中して、『TAOのためなら何でもしたい』とまで言ってくださったのです」

2008年　TAOの里　野外劇場「赤兜」建設

2010

3ヶ月に及ぶ北米ツアースタート／「IPPUDO TAO」世界3箇所にオープン

1月26日〜4月10日　初の北米ツアー開催（46都市全52公演 SOLD OUT）／バンクーバーオリンピックに招聘される
4月　福岡天神に一風堂とのコラボレーション店舗「IPPUDO TAO FUKUOKA」開店
8月にはシンガポールUEスクエア、**9月**には東京銀座にオープン
フランコドラオ　作・演出「浮世夢幻打楽〜弐の絵巻〜」発表
6月19日〜7月24日　オーストラリアツアー開催（10都市28公演）
10月23日・24日　赤兜LIVE開催／ファンのための野外イベントスタート（以降恒例化）

2010年　バンクーバーオリンピックに招聘される

2011

〝TAOは日本の元気になる！〟新作舞台「浮世夢幻打楽〜参の絵巻〜」を発表

1月15日〜3月1日　ヨーロッパツアー／スイス（1都市2公演）ドイツ（31都市32公演）
フランコドラオ　作・演出「浮世夢幻打楽〜参の絵巻〜」発表
3・11の震災で暗く沈む日本を先陣切って〝TAOは日本の元気になる！〟というスローガンのもと、作品を制作
5月〜12月　日本国内公演数200公演に拡大。公演先で震災復興のための義援金を募る
8月20日・21日　赤兜LIVE開催
9月1日〜4日　シンガポール公演初開催（4公演）
10月9日　「みちのくYOSAKOIまつり」仙台駅にて慰問LIVE。震災後、念願であった東北の地へ上陸
11月3日　大分県文化功労者　学術・文化振興賞受賞…「和太鼓の演奏活動を通じて芸術文化並びに地域の復興に貢献した」
12月3日〜11日　福岡・キャナルシティ劇場にてロングラン（13公演）

2012

JUNKO KOSHINO × DRUM TAO〜Contemporary Japan〜始動※

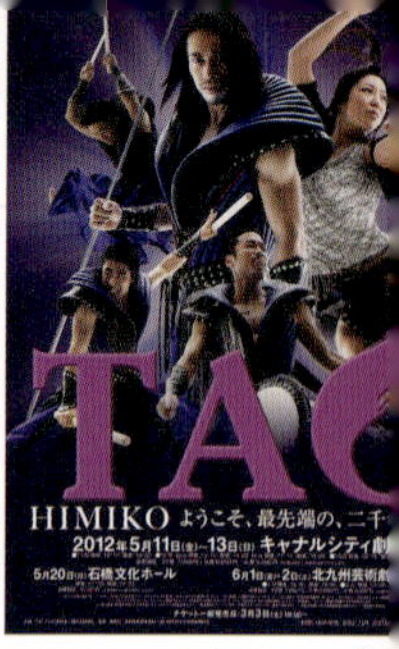

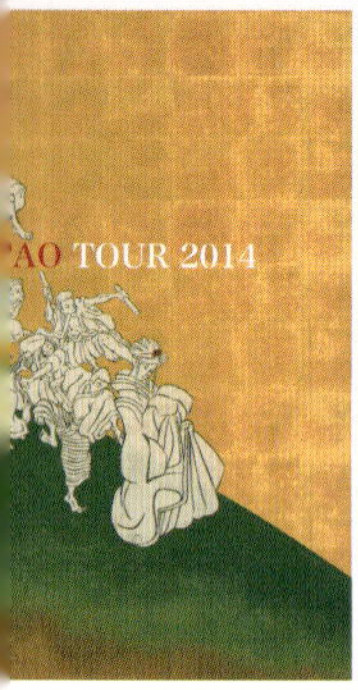

2014年　ミャンマー公演

2014年　「竹田市国際観光親善大使」任命

※DRUM TAOという名称を公式に使うようになったのは、コシノジュンコさんとのコラボレートがきっかけだった。「それまでは“和太鼓TAO”と名乗っていたのですが、和太鼓という表現には、僕自身も限界を感じていました。それをコシノさんが『和太鼓って名前がついているから、LIVEに誘ってもなかなか来てくれないのよ』と明確に言ってくださった。“J DRUMS MUSICAL TAO”と名乗っていた時期もあったのですが、ちょっとわかりづらいですよね（笑）。おかげでDRUM TAOという名前は、ここ5、6年で定着しました」

1月　東京事務所開設

2月3日～4月3日　北米ツアー（41都市44公演）

フランコドラオ　作・演出「HIMIKO」発表

UNDER ARMOUR コラボレーションCM「JAPAN MOMENTUM」出演

7月・8月　アジアツアー／シンガポール・MBS SANDS THEATER（4公演）／フィリピン・マニラ（9公演）、セブ島（1公演）／マレーシア・クアラルンプール（3公演）

8月　赤兜LIVE開催

10月3日　気仙沼チャリティーコンサート

12月12日～17日　福岡・キャナルシティ劇場にてロングラン（8公演）

2012年　アンダーアーマーのCM収録

2013

20周年記念作品「火の鳥～祝祭～」「十七人のサムライ」2作を発表

結成20周年記念「九州帰郷ツアー」開催。～これまでの感謝の意を込め、思い出の地へ帰郷した

1月16日～3月5日　ヨーロッパツアー／ドイツ（31都市32公演）／スイス（4都市6公演）／オーストリア（3都市3公演）

1月　米米CLUB CD「TAKARABUNE」参加

3月3日　WBC開幕オープニングアクト出演（花園大学新体操部とのコラボレーション）

5月5日　スポーツオブハート出演（障がい者スポーツを応援する「スポーツ×文化」の祭典）

5月　フランコドラオ　作・演出「火の鳥～祝祭～」発表

7月30日～8月4日　シンガポール公演（4公演）

8月1日　竹田市より名誉市民賞に値する文化創造賞　受賞

8月16日～8月25日　TAOの里・GRANDIOSOにて「TAOの夏フェス10日間」開催
～ファンへの感謝の意を込め、1日中TAOがおもてなしをするイベントとなった

9月28日～10月10日　中村勘九郎・七之助　錦秋特別公演「芯ツアー2013」出演（全18公演）

10月8日　山形県陸上自衛隊神町駐屯地慰問LIVE

11月22日　気仙沼太鼓贈呈式：3・11の震災によって太鼓を失った3つのチームへ太鼓を寄贈

12月　フランコドラオ　作・演出「十七人のサムライ」発表

12月　竹田市文化会館復興事業「帰郷公演」／竹田市水害被害を支援するふるさと公演を実施

2014

「観光庁長官表彰」受賞

「竹田市国際観光親善大使」任命

1月～3月　北米ツアー（45都市53公演）

3月29日　竹田市より、市の第一号「国際観光親善大使」に任命

フランコドラオ　作・演出「続・十七人のサムライ」発表

7月15日～27日　東京・天王洲銀河劇場にてロングラン（全15公演）

8月15日～24日　第2回「TAO夏フェス」開催

9月5日～7日　シンガポール公演（4公演）

10月1日　第6回観光庁長官表彰受賞
〝大分県竹田市久住町を拠点に、和太鼓等を用いて、伝統と現代アートが織りなす独創的な世界観のエンターテイメント舞台を繰り広げて、日本文化の魅力を高いレベルで世界に発信し、地域復興にも貢献した〟

11月12日　日米野球2014　80周年記念試合　オープニングアクト出演（京セラドーム）

12月6日・7日　日本ミャンマー外交関係樹立60周年記念イベント「Japan Myanmar Pwe Taw（ジャパンミャンマー　プエドー）」出演（3公演）

12月　フランコドラオ　作・演出「33 SAMURAI」発表

12月19日～28日　福岡・キャナルシティ劇場にてロングラン

2015

構成・演出：宮本亜門、衣装：コシノジュンコ、舞台デザイン：松井るみ「百花繚乱　日本ドラム絵巻」発表

～東洋人初、ブロードウェー・トニー賞4部門ノミネート作品「太平洋序曲」を手掛けた3名の再集結が実現

2016年「舞響〜Bukyo〜踊る○太鼓」発表

ライブパフォーマンスとお芝居のストーリーが同時展開していく、今迄に類を見ない舞台演出が話題となった

1月〜3月 ヨーロッパツアー／スイス（2都市3公演）／ドイツ（37都市38公演）／オーストリア（2都市2公演）

2月 台北公演（4公演）

5月22日・23日 北京・日中友好交流大会に日本代表として参加（1公演）

8月7日 TAO文化振興財団設立（11月大分市内に事務所開設）

8月22日 日本テレビ「24時間テレビ」出演

7月16日〜26日 東京・天王洲銀河劇場にてロングラン（16公演）

8月14日〜30日 第3回「TAOの夏フェス」開催（14日間）

9月・10月 中国にてライブパフォーマンス／武漢・青島（32回）

12月10日〜20日 福岡・キャナルシティ劇場にてロングラン（全13公演）

2016

22年間の夢であったNY・オフブロードウェイ公演に挑戦／TAO芸術村構想始動

1月〜3月 北米ツアー（36都市45公演）

2月11日〜14日 NY・オフブロードウェイ公演「DRUM HEART」（6公演）公演前日に人気TV番組「The Late Show with Stephen Corbert」に出演、全公演完売

1月 シンガポール国営放送Media Corp専用劇場「Theatre@MediaCorp」柿落としに日本人アーティストながら選出（4公演）

海外ファンクラブ創設（アメリカ・シンガポール）

フランコドラオ 作・演出 最新作「舞響〜Bukyo〜踊る○太鼓」発表

〜プロジェクションマッピングやハイテク装置、そしてコシノジュンコの近未来の衣装のコラボレーションによる異次元の舞台は、初日から話題を呼んだ

5月14日 熊本震災復興祈願LIVE（西浦荒神社・熊本城二の丸広場にて開催）

5月・6月 FNS九州ツアー／全公演SOLD OUT

7月15日〜24日 東京・Zeppブルーシアター六本木にてロングラン（14公演）

8月 EXILE（ÜSA、TETSUYA）・Dream Shizuka のユニット「DANCE EARTH PARTY」シングル「NEO ZIPANG〜UTAGE〜」参加

8月 ウズベキスタン・ナヴォイ劇場（2公演）

8月11日〜28日 第4回「TAOの夏フェス」開催（16日間）

12月16日〜26日 福岡・キャナルシティ劇場にてロングラン

「TAO芸術村」構想始動／2018年オープンを目指し、大分県竹田市「あざみ台」にて、世界に誇る「天空の舞台」&「日本初の和太鼓専門学校」設立予定

23カ国・500都市にて世界観客動員数700万人を記録

上2016年 ニューヨーク公演
下2016年 熊本震災ライブ

2017

1月1日 NHK Eテレ「初春 世界を魅了！伝統芸能のパイオニアたち」出演

1月〜3月 ヨーロッパツアー2017（59都市65公演）

2月1日 大分県竹田市にTAO OFFICIAL SHOP（TAO文化振興財団事務所併設）オープン

2月22日〜6月14日 東京・銀座「METoA Ginza」スペシャルムービーに出演

3月31日 ヤフオクドーム開幕戦セレモニーにオープニング出演

4月2日 大分県竹田市「岡城桜まつり」にて甲冑武者LIVE・パフォーマンス

4月17日 シンガポールにて世界初の海外ファンイベント開催

5月13日 新作舞台「ドラムロック疾風」FNS九州ツアースタートし、全国公演へ

5月20日〜22日 歌舞伎とフィギュアのコラボレーション「氷艶 hyoen2017―破沙羅―」に出演

6月21日 祖母・傾・大崩ユネスコエコパーク 大分県オフィシャルアーティスト任命

6月25日 DRUM TAO K組「舞響〜踊る○太鼓2」全国公演スタート

7月19日〜30日 東京・Zeppブルーシアター六本木にてロングラン（16公演）

9月16日〜10月29日 東京・品川プリンスホテル・Club eXにて「Revolutionary New Drumming Entertainment in Tokyo 万華響―MANGEKYO―」開催（60公演）

2017年 新作舞台「ドラムロック〜疾風〜」

DOCUMENT PHOTOGRAPH BY TAKUYA ERA

DISCOGRAPHY

1995年 VHS
道 TAO
1st APPEARANCE
1. 神衣 2. 祇園 3. 天響
4. 大阿蘇 5. 唐津
6.TENKYO Ⅱ

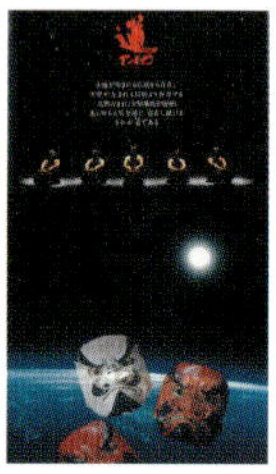

1997年 CD
天響
1.STREET
2.Tenkyo'97 Introduction
3.Solo-Rythm 4. 天響
5. 唐津 6. 大阿蘇
7. 大祭〈Re-Mix〉 8.Bonus
Track TENKYO- Ⅱ

1997年 VHS
天響 LIVE Tenkyo
1.STREET
2.Tenkyo'97 Introduction
3.KARAKURI
4.Solo-Rhythm 5. 天響
6. 唐津 7.MAGUMA
8. 大祭〈Re-Mix〉

2001年 CD
TAO 2001 Festa
[GRANDIOSO]
1.Festa 2. 静かなる光
3. 循～めぐり～
4. 坊がつる賛歌 / 不知火
5.Do 大祭 / 大祭

2001年 VHS
TAO 2001 Festa [GRANDIOSO]
1.Do 大祭 / 大祭 2. 静かなる光 3. 循～めぐり～
4. 坊がつる賛歌 / 不知火 5.Festa

2002年 CD
BEAT OF GLOBE
TAO 10th Anniversary
Memorial Disk
1.Beat of Globe
2. 静かなる光
3. 循～めぐり～
4. 里の唄 5.Festa
6. この空につつまれて

2002年 VHS
この空につつまれて
TAO LIVE 2002
1.IMAGE ～不知火・銀の
画家たち～より
2. 千手の願い
3. 静かなる光
4. 循～めぐり～
5. この空につつまれて
6. 里の唄 7.STREET
8. 輝く風と 9.FESTA

2004年 CD
THE MARTIAL ART
OF NOISE
1.Super Festa
2.QUEEN
3.BEAT OF THE GLOBE
4.KONOSORANI TSUTSUMARETE
5.SHIZUKANARU HIKARI

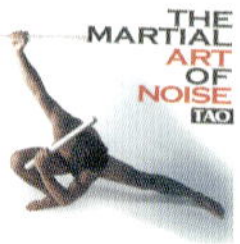

2004年 DVD
TAO LIVE 2004
"舞音の土也"
1. 竹林の宴 2. 循
3. 郁恋
4. この空につつまれて
5. 里の唄 6. 静かなる光
7. 凌駕 8. 道教
9.FESTA

2005年 DVD
THE MARTIAL ART
OF NOISE
1.PREVIEW
2. 舞音の土也
3. 静かなる光 4. 循
5. 天響 6. この空につつまれて
7.FESTA 8. 郁恋 9. 大太鼓
10. 大祭 11.BEAT OF THE GLOBE
12.QUEEN

2007年 CD
JAPANESE DRUM
ENTERTAINMENT
Original Track
1. 銀の画家 2.MAORI
3.HORIZON 4. 打 /DA
5. 二つの塔 6. 双飛 7.Festa
8. 碧き風 9. 旅立ちの後に…
10.Queen 11. 大祭 12.JAZZ 静かなる光

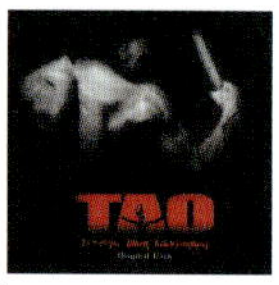

2007年 DVD
JAPANESE DRUM
ENTERTAINMENT TAO
LIVE 2007
1. 二つの塔
2. 銀の画家 3. 碧き風
4. 打 5. 双飛 6.Festa
7.MAORI 8.HORIZON
9. 大祭 10.Queen

2009年 CD
浮世夢幻打楽
1.RED-RUN 2. 夢幻響
3. 双飛 ～その弐～
4.MAORI ～元気が一番
5.BEAT OF THE GLOBE
～ chindon version ～
6.FESTA ～愉楽行脚 7.HORIZON Ⅱ
8.TAO やかな一面 9. 全打入魂
10. 大祭 ～1592 version ～
11.QUEEN no.9 12. 一期一宴 re-mix

2010年 CD
浮世夢幻打楽
～弐の絵巻～
1.DoDoon 2. 砂の城
3. 時の彼方 4. 夢幻響Ⅱ
5. 絶海 6. 赤恋
7.LIVE-FESTA
8. カーテンコール

2010年 DVD
浮世夢幻打楽
～弐の絵巻～
1.Prologue 2. 砂の城
3. 時の彼方
4. 夢幻響Ⅱ 5. 絶海
6. 赤恋 -Solo Rhythms
7.DoDoon 8. 風雷
9. 阿修羅 10.Queen
11. カーテンコール
12.End Credits

2011年 CD
浮世夢幻打楽～参の絵巻～
CANAL CITY THEATER
LIVE CD
DISC1 1. 悠久の唄 2. 連
3. 赤恋 4. 絶海 5.KABUKI
6. 夢幻響 7. 砂の城
DISC2 1.Do Doon-R 2. ～Clappin'～
3. 金の画家 4. 細氷 5. 打～Kunoichi～
6. ～Talkin' ～ 7.HAGUMA 8.FESTA
9.FANTASIA 10.CURTAIN CALL

2012年 DVD
HIMIKO WITH MAKING
1.SAKURA 2. 銅の画家
3. 悠久の詩
4.HIMIKO
5.KABUKI&BM 6.Do
Doon-R 7.HAGUMA
8.HANABI
9. 夢幻響Ⅳ

2013年 CD
20 周年記念舞台
[火ノ鳥～祝祭～]
赤坂 BLITZ LIVE 収録
1.FOREST 2. 祝祭
3.HANABI 4. さくら
5.DoDoon-A
6. 太棹 ROCK 7. 卑弥呼 8. サムライ
9.KUNOICHI 10. 夢幻響Ⅳ
11.PHOENIX 12.encore QUEEN
13.Curtain Call 4

2013年 DVD
火ノ鳥 ～Phoenix～
1.PROLOGUE ～
HAGUMA 2.HANABI
3.SAKURA 4.DoDoon-R
5. 銅の画家
6. 打 7. 悠久の詩
8.Queen 9. 連
10. 絶海 11.KUNOICHI
12.HIMIKO 13. 夢幻響Ⅳ
14.Phoenix 15.Curtain Call

2014年 DVD
DRUM ROCK
十七人のサムライ
1.WASABI 2. 十兵衛
3. 銀座 4.HIMIKO
5. 逢いたい 6. サムライ
7. 浮世の宴 8. 夢幻響 V
9. 粋 10. KABUKI
11. SUPER SESSION
12. HANABI 13.PHOENIX
14. 仄仄FESTA

2015年 DVD
THE SAMURAI
DRUMMER
1.HIMIKO 2. ちんどん
3.SAMURAI
4.WASABI 5. 大太鼓
6. 秋月 7. 夢幻響V
8.HANABI
9.Queen-Phoenix
10.KAMUI
特典映像

2015年 CD
HALL RECORDINGS
百花繚乱 日本ドラム絵巻
1. 和 Rock 2.INAZUMA
3.DRUM HEART
4. サムライ
5.Battle WASABI
6. 銀座 7. 秋月 8. 影と光
9. ダンディズム 10.KABUKI 3
11. 百花繚乱 12.Curtain Call6
13.DRUM HEART Violin&Cello version

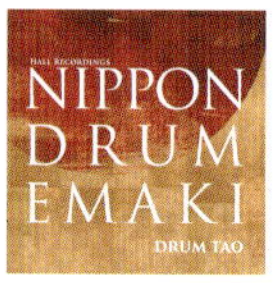

2015年 DVD
百花繚乱 日本ドラム絵巻
1. 和 Rock 2.INAZUMA
3.DRUM HEART
4. サムライ 5. 春夏秋冬
6.MATSURI
7.Battle WASABI 8. 追憶
9. 打祭〈DASSAI〉
10. 夢幻響Ⅵ 11. 銀座
12. 秋月 13. 影と光 14.KUNOICHI
15. ダンディズム 16.KABUKI 3
17.HANABI 18. 百花繚乱 19.CurtainCall

2016年 BOOK
THE RISING OF
DRUM TAO

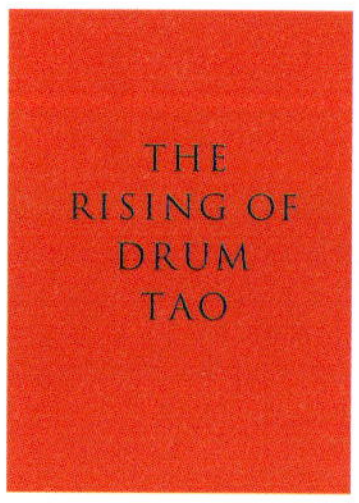

2016年 DVD
舞響～Bukyo～踊る◯太鼓
1. Bukyo 2. GAIA
3. 銀座Ⅱ 4. 千本桜
5. 竹田 6. 夢幻響 7
7. トワイライト 8. 海武士
9. Beat Beat 10. 煌の森
11. 白竜と黒竜
12. 熊本 13. Blue Sky

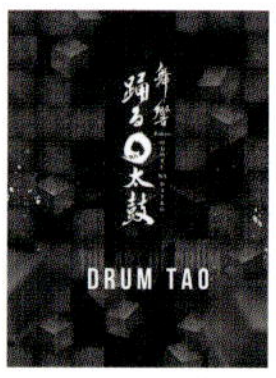

2017年 CD
ドラムロック～疾風～
発売予定

DRUM TAO

西　亜里沙（座長）
岸野　央明
江良　拓哉
水藤　義徳
河原　シンゴ
相戸　喜代子
原﨑　太郎
谷中　宏康
原口　純一
山口　泰明
黒柳　夏子
中田　勝平
生越　寛康
山本　啓介
髙山　正徳
中井　沙紀
林　祐矢
山口　竜昇
荻野　靖晃
比和野　航大
麓　大輔
清田　慎也
福水　創志郎
浜田　翔哉
中村　優
前田　優樹
神　竜大
小川　拓斗

STAGE STAFF

構成・演出	フランコドラオ（TAO）
衣装デザイン	コシノジュンコ
作曲・振付	DRUM TAO
音響チーフ	占部裕司（オムニ）
音響	山根麻唯
照明デザイン＆チーフ	河野福彦（SLI）
照明	山﨑健輔（SLI）・杉原達也（SLI）
衣装制作	竹田季代（JUNKO KOSHINO）
	持田正治（JUNKO KOSHINO）
映像制作	ZERO-TEN
ヘア＆メイク	鎌田直樹・田辺こうた・宮澤有恵・田中順子・稲越優子
タイトル題字	増川白陽（書家）
チーフ・プロデューサー	篠原淳子
プロデューサー	奥野美津子・荒田令子・津田知彦
セールス＆ツアーマネージメント	熊手そのみ・松本直子・佐原翔子・竹田勇太
デスク	森迫晃・松山恵奈・西海由美子
舞台監督	藤高壮一・安田千春
デザイナー＆映像制作	白水佑樹
デザイナー＆ Web 制作	荒田賢二
デザイナー	筒井朝子
財団事務職	森藤麻記

BOOK STAFF

プロデュース・文	立川直樹
アートディレクション＆デザイン	山本知香子
デザイン	小林幸乃、宮下可奈子、おのみさ（山本デザイン）
写真	富永よしえ
	五十川満
写真アシスタント	鍛治雅志
スタイリング	斉藤伸子
ヘア・メイク	COCO
ヘア・メイクアシスタント	菊地琴絵
撮影協力	THE LUIGANS Spa & Resort

富永よしえ
（P2～95，P98～101，P104～105，P114～115，P122～123，P129，P181）

五十川満
（P97，P103，P106～113，P116～121，P124～128，P130～135，P140～179）

THE MEMBERS OF DRUM TAO

発行日　2017年7月19日　第一刷

監修　DRUM TAO

発行人　井上 肇
編集　坂口亮太　兵藤育子　熊谷由香理
発行所　株式会社パルコ　エンタテインメント事業部
〒150-0042 東京都渋谷区宇田川町15-1
TEL 03-3477-5755
http://www.parco-publishing.jp

印刷・製本　図書印刷
Printed in Japan　無断転載禁止

ISBN978-4-86506-222-9

落丁本・乱丁本は購入書店を明記のうえ、小社編集部あてにお送り下さい。
送料小社負担にてお取り替えいたします。
〒150-0045 東京都渋谷区神泉町8-16 渋谷ファーストプレイス
パルコ出版　編集部